それでも諦めない

コベルコ神戸スティーラーズ

山中亮平
Ryohei Yamanaka

TOYOKAN BOOKS

目次

はじめに

「自分の本」は、引退した人が出すもんやと思っていた。

中学2年で本格的にラグビーを始め、利き手ではないほうのパスも投げられないまま高校ラグビーの名門、東海大学付属仰星高校（現・東海大学付属大阪仰星高等学校）へ。高校3年生のときには公式戦無敗のまま花園を制し、早稲田大学に進学。1年からスタメンで出場し、大学在学中に日本代表にも選出された。順風満帆に来たかと思えば、22歳の春、ドーピング検査に引っかかり突然の資格停止処分で〝空白の2年間〟を過ごし、会社員生活を経験した。自国開催のワールドカップで活躍したと思ったら、集大成と位置づけた2023年のワールドカップでまさかのメンバー落ち。バックアップメンバーからの追加招集……。ダイジェストにしただけでもめちゃくちゃだと自分でも思う。こんなキャリアを歩んだラグビー選手は他におらんやろう。

だから、自分のキャリアに何があって、どんなふうに乗り越えてきたかを残すことには、20代の頃から興味はあった。引退してからと思っていたが、現役中、まだまだ自分が自信を持ってプレーできているうちにその経験を伝えることに意味があるのかもと思い始めた。

本を書くにあたって、早稲田大学ラグビー蹴球部の同期、（吉谷）吾郎が聞き手になってくれることが大きかった。吾郎は、２０１９年に日本で行われたラグビーワールドカップのキャッチコピー〝4年に一度じゃない。一生に一度だ。〟を手がけたコピーライターでもある。俺の波瀾万丈のキャリアを近くで見て、いつも的確な助言をくれる頼れる存在だ。

「山ちゃんって自信なくすこととかあるの？」

本を書くための打ち合わせで、これまでのラグビー人生を振り返っているときに吾郎に聞かれた。

「いや、それはあるやろ。いくらなんでも」

あのときはどうや、あんなこともあった、ヘッドコーチに認めてもらえなかったこともあった……。自信をなくした話をするために数十分粘ってみたが、どのエピソードも最終的には「そうでもない！」という結論で終わった。

「ごめん、全然なかったわ。俺、自信なくしたことはあるけど自分で自信を取り戻していたわ」

これまで、日本代表として世界の名だたるプレーヤーと対戦してきた。所属クラブでも、世界的な有名選手と一緒にやってきた。それでも心の底から「こいつには勝てへん」と思ったことはない。考えてみればどんなときも、「負けている部分があっても、必ず勝っている部分もある」と、自分のラグビーに対する自信を失うことはなかった。同じようにどんな絶望的な場面でも、「俺は大丈夫」という根拠のない自信を失うことはなかった。

調子を落として、一時的に自信をなくすことはあっても、「自信をなくしているってことは、自信があったときに戻せばいいだけやん」とマイナスに捉えることはなかった。
いつも一番でありたいし、なれると本気で思っている。

何でそんなふうに考えられるのか？　聞かれても俺もわからない。

はっきりしているのは、誰も歩んだことのないでこぼこだらけの道が、今の俺をつくったということ。俺がしてきた経験のどれか一つでも欠けたら、今、俺はここにはいない。

苦しいことのほうが多かったこれまでの道のりを、なぜ諦めず歩いてこられたのか？
36歳になった今も前を向いて、プレーし続けるのはなぜなのか？

俺自身がその答えにたどり着くためにも、この本でこれまでのすべてを正直に語ろうと思う。

※本書に登場する選手および関係者の所属先は 2024 年 11 月 1 日時点のものとする。

第一章

どん底からの這い上がり

自信と不安と不信

「先延ばしにしてギリギリになるより、今ちゃんと伝えたかった」

日本代表監督のジェイミー・ジョセフヘッドコーチが目の前で話している。

「スタンドオフはお前の本職じゃないし……神戸でもスタンドオフはやってなかったし」

通訳を介していても、ジェイミーが言いづらそうにしているのがわかった。

「フルバックは松島（幸太朗）を使いたいから」

「スタンドオフは小倉順平が……」

理由はたくさん説明されたが、反論したとしても結果が変わるわけではなかった。今日、俺の電話が鳴って、この部屋に呼ばれた時点ですべてはもう終わっていた。

「そうですか……」

どう話していいかわからず、絞り出すようにそう答えると、感情が溢れてその場で泣いてもうた。

ジェイミーはゆっくり立ち上がると、ミーティングルームから出て行った。

フランスで9月8日に開幕するラグビーワールドカップ２０２３に向け、日本代表は7月15日にニュージーランド代表、22日にサモア代表、29日にトンガ代表、８月５日にはフィジー代表とテストマッチを重ね、本番に向けて最終登録メンバーを絞り込む段階に入っていた。ジェイミーに呼ばれたのは、８月5日のフィジー戦前のことだった。

「これまでの流れでいったら選ばれるやろ」

２０１９年に行われた自国開催のワールドカップでは、フルバックとして5試合すべてに出場して、最高の経験ができた。史上初のベスト8という快挙を受けてヘッドコーチのジェイミーは続投。流行語大賞にもなった「ＯＮＥ ＴＥＡＭ」も、必要な新陳代謝を繰り返しながらその絆を深めてきた。

この4年間、調子がいいときも悪いときもあったが、俺はジャパンに呼ばれ続けてきた。ワールドカップ前年の２０２２年は、フルバックのポジションでの先発出場が続いた。実績は十分。加えて最終テストマッチになっていた4連戦でも、サモア戦とトンガ戦で先発して、チームの求める役割を果たしていた自信はあった。

一方で、イヤな予感もずっとあった。

２０１９年のジェイミー・ジャパンが「スタンドオフとフルバックのコネクト」を重視

していたのに対し、2023年のジャパンはフルバックに松島やセミシ（・マシレワ）、レメキ（・ロマノラヴァ）のように、ウイングでも出場する縦への突破に優れた選手が選ばれることが増えていた。

先発出場の状況だけを見ればジャパンの試合での第一選択肢は俺だったが、交代の仕方、試合後のジェイミーのフィードバックには、モヤモヤするものがあったのも事実だ。

落選の絶望と拍手なきメンバー決定

2022年の最後の試合になったフランス戦で消極的なプレーをしてしまったことも引っかかっていた。そして、トンガ戦で後半24分、松島と入れ替わる形でベンチに下がったこと……。

ジェイミーが去ったミーティングルームで、「あれがあかんかったかなぁ」と、さまざまなシーンが頭の中をグルグル駆け巡っていた。

いつまでもそこにいるわけにもいかず、何とか自分の気持ちを落ち着かせてホテルの自室に戻ると、同部屋の中野将伍（東京サントリーサンゴリアス）がいた。早稲田の後輩でもある将伍は「マジっすか……」と、言葉を失っていた。

すぐにでも帰りたかったが、フィジー戦の前には「親子ラグビー体験会」のイベントがあって、それに出なあかんかった。

奥さんに「落ちたわ」と一言LINEをして、おかんにはとてもじゃないけれど自分から言えないと、奥さんに伝えてもらうようにお願いした。友達と遊びに出かけていた奥さんは、そのLINEを見てすぐに家に戻ったらしい。

登録メンバーの発表は10日後の8月15日だったから、ごく身近な人以外に情報を漏らすわけにもいかない。何も悟られないように平静を装って死んだ顔をしながらイベントに参加していた。

「ワールドカップがんばってください！」という無邪気な子どもたちの声援に引きつった笑顔で「ありがとう！」と応えつつ、「いや行かれへんけどな」と心の中で思っていた。

フィジー戦が終わると、ロッカールームで最終登録メンバー30人が発表されることになっていた。ワールドカップ登録メンバーは33人だが、フォワード陣の故障や回復の状況を見るために、この段階では30人を決めるということだ。

「発表が終わった後、あれ山ちゃんは？　ってなるのはイヤやな」

そう思った俺は、流《ながれ》（大《ゆたか》・東京サントリーサンゴリアス）や中村亮土《りょうと》（東京サントトリーサンゴリアス)、松田力也(トヨタヴェルブリッツ)ら数人には、落選を伝えていた。発表後は当たり前だけど重苦しい雰囲気だった。もちろん選ばれた人への拍手もない。合宿や遠征でかなり長い時間を一緒に過ごして切磋琢磨するジャパンは、一つのファミリーみたいなものだから、誰が選ばれても誰が落ちてもこういう空気になるのは当たり前だった。

もちろんメンバーに自分の名前は読み上げられなかったが、悔しさもあったし、「これまでは何だったん?」というむなしさにも襲われた。

ジェイミーの右腕で、何かと目をかけてくれていたトニー・ブラウンアタックコーチが近づいてきて肩に手をかけようとしたが、その手をバーンとはねのけた。そのときは「お前ら言ってることと、やってることが全然違うやろ」という怒りがあった。

とはいっても、コーチ陣への不信はあったが、選手たちに罪はない。一緒にやって来た仲間であることに変わりはないから、選ばれた選手たちには「がんばってくれ!」と声をかけた。

同じように声をかけた神戸の後輩、李承信《りすんしん》(コベルコ神戸スティーラーズ)は、大泣きしていた。承信がキックで悩んでいたことは知っていたから、「お前はキックが一番の武器。うまいんやから、自信を持っていけよ！」と言ったら、もう抑えきれないといった感じで泣き出した。周りにいた亮土や力也も泣き出して、それを見た俺もまた泣いてもうた。

選手たちはみんな、これまでのことを全部見ているし、チームの雰囲気とか全部ひっくるめて「山ちゃんいないと無理」と言ってくれた。同い年のリーチ（マイケル・東芝ブレイブルーパス東京）も声をかけてくれた。堀江（翔太・元埼玉パナソニックワイルドナイツ）さんは「やって来たことは間違ってないから、これからも継続していくしかないやろ」と前向きなコメントをくれた。

この日にメンバーに発表があるとは知らない記者も、「泣いてる選手がいるけどどうした？」みたいな空気になっていた。そこを通るわけにはいかないと思って裏口から出た。そのときはジェイミーともトニーとも話す気にならなかった。裏切られたという思いが強く、顔も見たくなかった。

その日の夜はみんなで飲み明かした。みんなが俺のためにという感じで朝まで付き合ってくれた。

つらかった次男の涙

家に帰ることになって、困ったのが子どもたちにどう伝えるかだった。俺には長男、長女、次男の三人の子どもがいる。帰り道でもずっと考えていたが答えは見つからなかった。家に着いて、どう切り出そうかと思っていたら、ご飯の前に奥さんが話し始めた。

「今回、パパはワールドカップに行かれへんねん」

長男は「え？」みたいな顔をしていた。長女は状況をよくわかっていないのか「なんで行かれへんの？」という感じ。三者三様やなと、それぞれのリアクションを見ていたら次男が声をあげて泣き出した。

ただでさえ親は子どもの涙に弱い。自分のことで泣いている次男を見るのはつらかった。しかも性格的には一番泣きそうもない次男が号泣しているのはキツかった。

長男も泣きそうだったが、グッとこらえていた。

「ごめんな。ワールドカップ行かれへんねん」

ようやく自分の口から言い出せたときも、次男はずっと泣きっぱなしやった。

何よりつらかったのはその後、世間は知らないけど、子どもたちは俺の落選を知っているという状態の時間があったことだ。息子はラグビーをやっていて、ちょうどその期間に合宿があった。

「もうすぐワールドカップだね。お父さんすごいね！　がんばってって伝えて」

周りは落選を知らないから悪気はないけど、息子たちはウソをついて「はい」と言うしかない。実際に、息子は具合が悪くなって、練習に参加できずに寝ていたそうだ。後からこの話を聞いて、子どもたちを二重に傷つけてしまった気がしてつらかった。

その後、家族で宮古島に行った。これはもともと予定していた旅行で、本来ならば合宿後にワールドカップメンバー入りをお祝いして、奥さんと子どもたちの協力に感謝する〝ご褒美旅行〟になるはずだった。

発表までの〝空白の10日間〟とSOS

旅行中は何とか楽しもうと思ったが、頭の中はワールドカップ落選のことでいっぱいだった。落とされたことへのショックや憤りはもちろんだが、それより気になっていたのは、周囲の人にどんな顔して会ったらいいのかということだった。このときはまだ最終メンバー発表前。落選を知る人は限られている。8月15日に記者会見が開かれれば、最終登録メンバーのリストに山中亮平の名前がないことを全国の人が知ってしまう。

「山中はほぼ確実」と思われていたのか、ギリギリで滑り込んだ前回とは違って、メディアの取材も、「ワールドカップの主力」として受けていた。スポンサー関係の対応もしていたし、『情熱大陸』のカメラもずっと密着していた。

いろいろな人やさまざまな仕事に迷惑がかかると思うと、メンバーに残れなかったことが恥ずかしくて申し訳なくなった。

頼ったのは、早稲田大学ラグビー蹴球部の同期、吉谷吾郎だった。

吾郎には「山ちゃんは、困ったときに連絡してくる」とよく言われる。メンバー落ちがわかった夜、部屋で飲んでいるときにも吾郎に電話したらしい。何を話したかよく覚えていないが、「もう死にたいわ」と言っていたと後から聞かされた。

吾郎とは継続的に連絡を取っていた。「三浦カズだってワールドカップメンバーから外れてから這い上がって、いまだに現役を続けているから大丈夫だよ」と、そのときの記事を送ってくれたり、困ったときに俺を助けてくれるいつもの吾郎らしい言葉をたくさんくれた。

吾郎は宮古島旅行の前から「俺、そっち行こうか?」と言ってくれていた。励ましていても、全然心に届いてなかったのがわかったからだそうだ。

「いや、俺がそっち行くわ」

宮古島から神戸に戻ったあと、気分転換も兼ねて吾郎の住む湘南に行くことにした。吾郎の家に行く前に、美容室に寄って当時話題になった銀髪にした。もしかしたら、吾郎の送ってくれた記事が頭にあったのかもしれない。何かを変えたくて、98年の〝キングカズ〟ばりの銀髪にカラーリングしてもらった。

聞き役に徹してくれた〝偉大なキャプテン〟

吾郎の家は海の近くにあった。8月、夏真っ盛りで海の家も出ていたので、「海に行こう」と言われるがまま吾郎の家にあるチャリで海岸に行った。海で2時間くらい今回の落選のことや関係のないいろいろな話をした。それから、メシを食いに行こうとなった。

チャリに乗って目的の店に向かう途中、吾郎がスピードを緩めて話しかけてきた。

「もう少し行くとトシさんの家があるんだよね」

トシさんとは、日本ラグビー界の偉大なキャプテン、廣瀬俊朗《としあき》さんのこと。吾郎は公私ともに付き合いがあるし、俺にとってはもちろん大先輩であると同時に、ジャパンで苦楽をともにした兄貴みたいな存在でもある。

「ちょっと寄ってく?」

吾郎はそう言うと、「今から僕一人で寄ります」とトシさんに電話をしていた。

トシさんは吾郎の突然の訪問に驚いていたが、当たり前だけどその後ろに俺もいたことにもっと驚いていた。

「いや、ちょっと聞いたけどなぁ」

トシさんもメンバー落ちの件は知っていた。

「トシさん、これから二人で飯に行くんでトシさんも来てくださいよ」

吾郎がそう言うと、「お、ええよ！　ほな着替えてから行くわ」と、トシさんは快く来てくれることになった。

それが11日。メンバー落ちから6日、発表まであと4日というタイミングだった。

ご飯を食べながら、酒を飲みながら、三人で話したのは、メンバー発表のときのリアクションの話だった。「山中落選」となったとき、どんな発信をしたらいいか？　吾郎は冗談で「ふざけてみたら?」と言い、「山中、27年に向けて動きます」とか、「山ちゃんはへこんでへんで！」と明るく出したら?　と言ってきた。

その流れでふと、2027年って俺は何歳になってるんだろうという話になった。

「39とかやな」

俺が言うと、二人は「40になってないんだ。じゃあ行けるわ」と言い出した。

世間では、元ラグビー選手というだけではなく、役者であり、ニュース番組のコメンテーターでもあるトシさんは、究極の聞き上手でもある。普段から、何を相談してもまずは「めっちゃええやん」「おもろいやん」と聞き役に徹してくれる。

その日は、芋焼酎の『だいやめ(DAIYAME)』のソーダ割りを三人で延々飲んでいた。お酒も入って、トシさんの「めっちゃええやん」も加速していた。

「2027年、オーストラリアに39歳で行ったらええやん。それめっちゃおもろいやん。ええやん、ええやん」

三人で盛り上がっているうちに、それまで目の前のことしか考えられなかったのがウソのように、前向きに発表後のこと、ワールドカップ後のこと、4年後のことを考えられるようになった。どうしたらいいかわからず、ふさぎ込みそうになっていた気持ちを切り替えられた瞬間だった。あのときの『だいやめ』の味は一生忘れないだろう。ちなみにその日が初めての『だいやめ』だったが、今は在庫を切らすことなく自宅に置いてある。

五郎丸さんの励ましと助言

その日は終電で神戸に戻った。家に戻ってすぐ、子どもたちに「パパ、次のワールドカップを目指すわ！」と宣言した。子どもたちはみんな笑顔で「やったー！」とはしゃいでいた。「諦めないパパってすごい！」って言ってくれた。子どもたちの反応を見て、もうやるしかないという気持ちになっていた。

ピンチのときに助けてくれる人がいるのはありがたいことだ。吾郎とトシさんと飲んだ2日後、早稲田大学ラグビー蹴球部の先輩、1年生のときの4年生で、一緒に『荒《あら》ぶる』を歌った五郎丸（歩）さんも会いに来てくれた。実は吾郎と一緒にいた日に、五郎丸さんにも連絡していた。そのときはタイミングが合わなかったが、五郎丸さんが家族旅行で神戸に来ているという。

「夜なら出られる」ということで、神戸のチームメイトの山本幸輝と三人でお酒を飲みに行った。

五郎丸さんは、「メンバーから落ちるのはどう考えてもおかしいわ」と言ってくれた。その場の慰めではなく、発表後もそういう発信をしてくれた。ただの世間知らずなガキだった頃から俺を気にかけてくれている大好きな先輩が、「今のジャパンに山中が必要」と発言してくれていたのは本当にうれしかった。

五郎丸さんからは、その後につながる貴重なアドバイスももらえた。

当時のジャパンは、バックアップメンバーをスムーズに合流させるために、バーバリアンズ（遠征や試合ごとに世界の一流選手たちを集めて編成されるホームグラウンドを持たないラグビーユニオンクラブ）に招集から漏れたメンバーを送ることを決めていた。２０２３年９月から10月にかけてのバーバリアンズは、日本代表とオーストラリア代表のバックアップメンバーで構成されていて、ワールドカップ開幕前から英国のクラブと試合を行うことになっていた。

バーバリアンズのことは、ジェイミーから落選の話があったときにすでに聞いていたが、まったく行く気はなかった。

「ちゃんと報酬も出るから」

ジェイミーに悪気はなかったと思うが、バックアップメンバーの準備として来てほしいというバーバリアンズの話のときに「お金」を持ち出されたことにブチンと来た。

金のためにやってるわけじゃない。こっちは命がけでラグビーしている。メンバー選考方法への不信感もある中、この発言でさらにバカにされているような気持ちになった。

五郎丸さんにバーバリアンズについて相談すると「行ったほうがいい」という答えだった。変則的な招集とはいえ、世界選抜的な意味合いがあるバーバリアンズの一員としてプレーできるのは名誉なことだ。オーストラリア代表クラスの選手と一緒にプレーするのも、2027年を目指すと決めた今、自分の成長のためになる。

吾郎にも「バーバリアンズに行くのどう思う？」と相談すると、同じ考えだった。「ワールドカップに出ることは一つの目標だけど、山ちゃんはラグビー選手なんだから、どこにいようがラグビーをしている姿を見せるのが、家族や周りも喜ぶよ」と言ってくれた。

結果として、バーバリアンズは最高だった。ジェームズ・オコナーやトム・ライトら現在、オーストラリア代表でプレーしている選手がたくさんいて、フレンドリーに接してくれて、そこで一緒にプレーできるなんて最高でしかなかった。

相手はイギリスのクラブチームだから、個人個人もうまいし、戦術的にもしっかりしていた。バーバリアンズも準備をきちんとしないと負けることもあった。通用するプレーもあったし、足りないところも見えた。数週間前は絶望していたのに、ラグビーが楽しいと思えたことは何よりの収穫だった。あの3週間は本当に楽しかったから、五郎丸さんやトシさん、そして吾郎、背中を押してくれた人たちには感謝しかない。

「やるかやらんか」2027年への決意

話は前後したが、8月15日、たくさんの人が注目する中でラグビーワールドカップ2023フランス大会の最終登録メンバーが発表された。メディアには「山中まさかの落選」の見出しが並んだ。

周囲の助けもあって自分の中では新たな目標である2027年に向かってポジティブな気持ちになっていたけど、「発表後のリアクションどうする問題」は解決していなかった。発表までの間、自分のSNSで発信する言葉を考えては、コピーライターでもある吾郎に送って、「こんな感じはどう?」とアドバイスを求めていた。吾郎にも「考えてよ」とお願いしてみたが、「山ちゃんの言葉、そのままの言葉が一番いいよ。自分で書いたこれがいいと思うよ」と、俺が書いた正直な気持ちをそのままアップすればいいと言ってくれた。

登録メンバー発表当日、18時12分にアップしたメッセージがこれだ。

ワールドカップフランス大会の
メンバーに選ばれませんでした。

この1週間いろいろ考えて
このまま諦めるのは性に合わないので
山中は、
2027年のワールドカップ目指します。

自分になにが足りなかったのか。
もう一度自分を見つめ直す。
年齢とかそんなん関係ない。
できるできへんじゃなくて
やるかやらんか。

ラグビー人生、第3章のスタートです。

あと、代表のメンバーのことが大好きです。
選ばれたメンバーは怪我なく
いい結果を残せるように頑張って！

山中 亮平

本人のX（@yamanaka10）より

驚いたのは発信に対する反響だった。落選に納得いかないと言ってくれる人もたくさんいたし、このメッセージを見てさらに応援したくなりましたという声がめちゃくちゃ多かったのはうれしかった。中学、高校、大学、社会人とこれまでラグビーを通じて俺と関わってきてくれた身近な人だけじゃなく、日本中の人が応援してくれているのを実感できた。

メッセージを見たアスリートからＤＭがきて、「自分も同じ境遇だったけどがんばろうと思えた」とか、「ケガをしているけど絶対に復帰しようと思った」とか、「同い年だけどまだまだがんばれる気がした」とか、自分の言葉が誰かを励ますとは思っていなかったから、そんな反応をもらえたことがうれしかった。

普段はあまりＳＮＳで積極的に発言はしないし、これからも熱心にやるつもりはないが、こういう誰かを勇気づけたり、ポジティブにする使い方ならＳＮＳもいいもんだなと思った。

まさかの落選から、まさかの追加招集へ

15日以降は、バーバリアンズでプレーすることに目標を切り替えて、そこに集中していた。８月26日には日本を発ち、イギリスへ向かった。

バーバリアンズの初戦は、９月２日のノーサンプトン・セインツ戦。そこから７日のブリストル戦を終えて、10日の日本代表のワールドカップ初戦は、バーバリアンズのメン

バーと一緒にテレビで見た。チリには42対12で見事快勝した。

バーバリアンズの次の試合は16日。スカーレッツとの試合を終えた翌日、チリ戦と同じようにバーバリアンズのみんなと日本の2戦目、イングランド戦を見ていた。

前半7分、セミシがキックを蹴った後にそのまま座り込んでしまった。テレビだったので状況はよくわからなかったが、セミシはプレー続行が難しかったようで、結局そのまま交代となった。一緒に見ていた高橋汰地《たいち》とか茂野海人《しげのかいと》（ともにトヨタヴェルブリッツ）も

「山さん、これはあるっすね」と言ってきた。オーストラリアの選手も一緒に見ていて、めっちゃフレンドリーな人たちだったから、「ヤマナカサンアル」とか言って、背中を押してくれていた。

12対34で負けた後、試合を終えてホテルに戻ったジャパンのメンバー何人かから電話がかかってきた。

「山さん、これあるんちゃう？」

「これセミシはもう無理っぽい。そうなったら絶対、山ちゃんあるよ」

そう言われても、まだ何も話がないから「お前らが知らんのに俺がわかるわけないやろ」と返した。夜も遅かったから、電話を切り上げてその日は寝た。

次の日、朝メシを食べ終わって部屋に戻ると、ジャパンのチームスタッフから電話がかかってきた。

「負傷者が出たので、招集されます。すぐに来てください」

セミシのことは心配だったし、ここでワールドカップを去る気持ちを思うと複雑だったが、そのときのためのバックアップメンバーだ。またワールドカップに出られるかもしれないと思うと、うれしい気持ちもあった。

正式に決まって、家族にも早速テレビ電話で報告した。「明日ワールドカップに行く」と伝えると、めちゃくちゃ喜んでくれて「私たちもフランスに行く！」と盛り上がっていた。ちなみに奥さんは実際に、三人の子どもとすぐにフランスに来た。子どもの学校とかいろいろあって、滞在期間は1週間だったから、サモア戦まで。俺はメンバー外でフィールドに立っている姿を見せることはできなかったけど、子どもたちもワールドカップを生で観戦できて、あの熱狂の雰囲気を味わえた。改めて「パパはすごい舞台で戦っているんだ」と思ってくれたようなので、それは良かった。

ジェイミーの意外な言葉

追加招集の連絡を受けた翌日、すぐにフランスに発った。

イングランド戦から次のサモア戦までは10日以上空いていた。俺がベースキャンプになっていたトゥールーズに着いた日は、2日か3日続いていたオフの日だった。みんなバカンスで出払っていたので、「タクシーで来てくれ」とのことだった。

空港では、チームスタッフの出迎えはなかったが、情報を聞きつけた日本の記者が出迎えてくれた。歩きながらフラッシュを浴びて、「どうですか？　今の気持ちは？」とレコーダーを向けられる、外タレか芸能人みたいなアレだ。

「うれしいですね」と答えた後、半分冗談で「誰も迎えにきてくれないんですよ。ぼく、スマホの充電切れててタクシーも乗れないし、ホテルまで誰か一緒に行ってくれませんか？」と言ってみた。スマホの充電は本当に切れていて、困っていたのは事実だった。

記者の中の一人が「ぼく行きますよ！」と言ってくれて、タクシーでホテルまで連れて行ってくれた。車の中で話したが、めちゃくちゃいい人だった。

ホテルに着くと、残っていた選手たちが「山さん！」と出迎えてくれた。オフだったから、チームで集まって合流とかはなかったが、8月頭まで普通に一緒にやっていたメンバーだからチームには違和感なくすぐになじめた。

トニー・ブラウンが「バーバリアンズの試合も見ていたぞ。すごくいい動きをしていた」と話しかけてきた。このときはまだ、裏切られたという気持ちがあったから「はぁ……」みたいに聞き流していた。練習はチームのため、仲間のためにしっかりやったが、ジェイミーやトニーに対しては、まだわだかまりがあった。

9月28日のサモア戦は、レメキが先発することになった。俺はリザーブにも入らなかったが、練習を見ていてもレメキが好調だったし、合流していきなり俺が使われたらそれこそ「今までは何だったん?」となるので、「それはそうやろ」くらいに思っていた。

出場なしもあるかなと思っていたが、10月8日のアルゼンチン戦のメンバーに入ることが決まった。奥さんや子どもたちは帰国した後だったが、報告したら「えー、まだ残って見たかった」と言っていた。

アルゼンチン戦の数日前、遅れてきた俺のためにキャップの授与式があった。ラグビーの代表戦出場試合数をキャップ数と言ったりするが、あれは、昔、イングランドで敵味方の区別をするために帽子をかぶって試合をしていたことから来ているそうだ。

式と言っても簡単なものだったが、メンバーが集まっている中で帽子を渡された。そのときにジェイミーがびっくりするようなことを言い出した。

「ヤマナカをチームから外したのは俺の間違いだった。来てくれてありがとう」

その通り言ったかどうかは覚えていないがそういうニュアンスのことは言っていた。選手たちも「え？　ジェイミーそれ認めちゃうの？」という反応で、ちょっと変な空気になった。

それでわだかまりが全部なくなったわけではないが、みんなの前でジェイミーが「間違いだった」と言ってくれたことでずっと抱えていたモヤモヤがすっきりした。それでアルゼンチン戦のリザーブにも入ったわけだから、その場の雰囲気で言った言葉でもなかったのだろう。

アルゼンチン戦は、ラスト10分でフィールドに入った。興奮しながらも夢見心地だった2019年の不思議な感覚とはまったく違って、ワールドカップに出たという実感はなかった。こっちに来たのは、バーバリアンズで自分を磨くため。ワールドカップへの思いが8月5日に一度断ち切られたこと、そこから自分なりに葛藤があって、周囲の助けを得ながらようやく2027年という目標を設定したこともあった。正直に言うと、今も

2023年のワールドカップに出たという実感はない。ただ、ここに立てなかった選手たちのことを思うと、たとえ10分でもワールドカップのフィールドに立てたことを誇りに思うべきだし、全力でできることをやるべきだとは思っていた。

日本代表はアルゼンチン代表に27対39で敗れ、2勝2敗でグループリーグ敗退。何かと慌ただしかった2023年のワールドカップはここで終わることになった。

順風満帆だと思えばいきなりの大嵐に遭って沈没寸前になる。沈みかけたときに必ず誰かが助けてくれて、また立ち上がる。

思えば俺のラグビー人生はいつもこんな感じだった。

第二章

ラグビーとの出会い

「すごい子になる」おかんの予言

自分のここまでのキャリアを振り返ると、「こんなん他におらんやろ」というくらい、他のどのアスリートとも違う道を歩んできた自信がある。「めちゃめちゃ苦労しましたね」と言われればそんな気もするし、でもいつも「なんとかなる」「大丈夫やろ」と思って突き進む自分もいる。

ただ一つ言えることは、これまでの自分が経験したこと、どれか一つでも欠けていたら、今の自分はいないということ。せっかくの機会だから、生まれてからラグビーに出会うまで、ラグビーを始めてからの数年間を振り返ってみようと思う。

「この子は絶対に何かしらのスポーツ、何かしらのことですごい子になる」

1988年6月22日、大阪で自営で内装業を営むおとんと、社交的で明るいおかんの間に生まれたときの記憶はもちろんないが、生まれた瞬間におかんが「すごい子になる」と思ったというのは何度も聞かされたからよく知っている。

単なる親バカも入っていると思うけど、病院で生まれたばかりの俺の顔を見たその瞬間、おかんは直感的に「何かのスポーツ」で日本を代表するような選手になると思ったらしい。おとんはサーフィンやスキーが好きなスポーツマンだが、特に何かスポーツをやっていたとか部活ですごかったとかではなかった。おかんがなぜそんなことを思ったのかは誰にもわからない。でも、その直感と〝予言〟は意外にその後の俺の人生に大きな影響を与えたのかもしれないと今は思う。

名門・イトマンSSで泳ぐ日々

人生で最初に触れたスポーツは、水泳だった。自分の直感を信じたおかんに連れられて行ったのは0歳児から参加できるベビースイミング。

幼稚園のときは水泳だけだったけど、小学校に上がるとサッカーや少林寺拳法、習字や公文と習い事をするようになった。自分からやりたいと言い出したのはサッカーだけだったが、おかんとしては「子どものうちはいろいろな経験をさせてやりたい」という思いと、やっぱり「この子はスポーツで」という思いの両方があったんだと思う。いろいろやらせてもらったが、結局続けたのは水泳だった。

水泳にはかなり本気で取り組んでいた。俺が通っていたスイミングスクールは、山本貴司さん（アトランタ、シドニー、アテネのオリンピック3大会に出場。アテネでは200mバタフライで銀メダル、400mメドレーリレーで銅メダルを獲得）や、千葉すずさん（バルセロナ、アトランタに出場）、寺川綾さん（ロンドンオリンピック女子100m背泳ぎ、女子400mメドレーリレーで銅メダルを獲得）、自分の2学年下には入江陵介（ロンドン100m背泳ぎで銅、200m背泳ぎ、400mメドレーリレーで銀メダルを獲得。リオデジャネイロ、東京大会にも出場）などそうそうたるメンバーが在籍していたイトマンスイミングスクール。全国にあるイトマンの中でも、大阪・住之江《すみのえ》にある玉出《たまで》校は本部扱いで、後にメダリストになる優秀な選手が多く通っていた。俺も小学校2年生のときには選手コースから声がかかって、世代が上の山本さんや千葉さんとは接点はなかったけど、寺川さんや陵介は同じプールで泳いでいたから自然と夢は「水泳でオリンピックに出ること」になっていった。

水泳でオリンピックを目指した小学生時代

小学生の頃は、一言で言えば「めっちゃうるさい子」。当時から背は高くて、足も速かった。いわゆる「運動神経がいい子」で、サッカーも野球も教えてもらわなくても他の子よりうまくできたし、地域のソフトボールでは4番を打った。

素行に関しては決して真面目とは言えなくて先生に怒られることもしょっちゅうあったが、水泳は遅れたり休んだりすることなく、真面目すぎるくらい真面目にやっていた。今も変わっていないのは、やると決めたことには真剣に取り組むこと。それは子どもの頃から一貫している。

水泳の練習は量も内容もほんまに鬼やった。小学校に行く前に朝の5時半から練習をして、7時に終わって家に帰って朝ごはんを食べたら登校する。学校が終わって帰ってきたらプールに直行してまた練習。毎日最低でも1万mは泳いでいたと思う。2部練だと合わせて2万m。50mを20本、インターバルは40秒くらいでずっと泳ぐ。泳いでいる最中、水の中にいるのに汗が出ているのがわかる。「プールの中でこんなに体が熱くなるもんなんや」と実感したのは、今でも忘れられない。小学校の思い出は、もうずっと水泳。友達と遊ぶといっても、水泳の時間が来たらまだ遊んでいる友達を尻目にプールに向かう毎日だったが、それが当たり前だったので、別にイヤとかつらいとかは思わなかった。

水泳人生の全盛期と伸び悩み

小学校4年生のときには、全国ＪＯＣジュニアオリンピックカップ水泳競技大会（通称・ジュニアオリンピック）にも出場した。ＪＯＣが主催するこの大会は、名前の通りオリンピック選手への登竜門とも言える全国大会。決められた標準タイムを切らないと出場できなかったので、4年生のときに初めて個人種目で専門にしていた平泳ぎで出場できた。

決勝に進出して結果は7位入賞。全国のイトマンから選手が集まる招待試合では3年生のときに優勝していたから、「もっといけるやろ」とたかをくっていたが、振り返ればこれが水泳選手としての絶頂だった。

このジュニアオリンピック7位から、伸び悩みを感じることになる。それまでは練習をすればするほど記録更新につながって、練習さえちゃんとしていれば1位が当たり前だった。ところが、5年生になるとタイムが思うように伸びなくなって、それまで眼中になかった選手にも勝てなくなった。

「これはちょっと様子がおかしいぞ」

決定的だったのは、それまで絶対負けるはずのなかった同級生にタイムで抜かれ、その差を逆転できなくなったことだった。今でも交流のあるその選手は、早くから俺のことをライバル視していた。でもこっちにしてみたら、負ける気はまったくしなかったし、申し訳ないけれどライバルとは思っていなかった。練習を一生懸命やっていたのは知っていたが、自分も同じ厳しい練習をこなしている。意識してなかったのに勝てなくなって「なんかイヤだな」と感じ始めた。

同じ頃、「両方続けるのは無理」ということで、唯一自分からやりたいと言って始めたサッカーをやめていた。水泳一本に集中して、ジュニアオリンピックにも出て、これからというタイミングでタイムが頭打ちになったことは、ただでさえしんどい水泳をさらにしんどくさせていった。

6年生になっても記録は相変わらず伸びなかったが、一度決めたことは最後までやろうという気持ちは変わらず、練習には手を抜かず取り組んでいた。

小学校の卒業アルバムの「将来の夢」には、水泳でオリンピックに出ると書いた。でもその数カ月後には、その夢はかなわぬ夢になっていた。

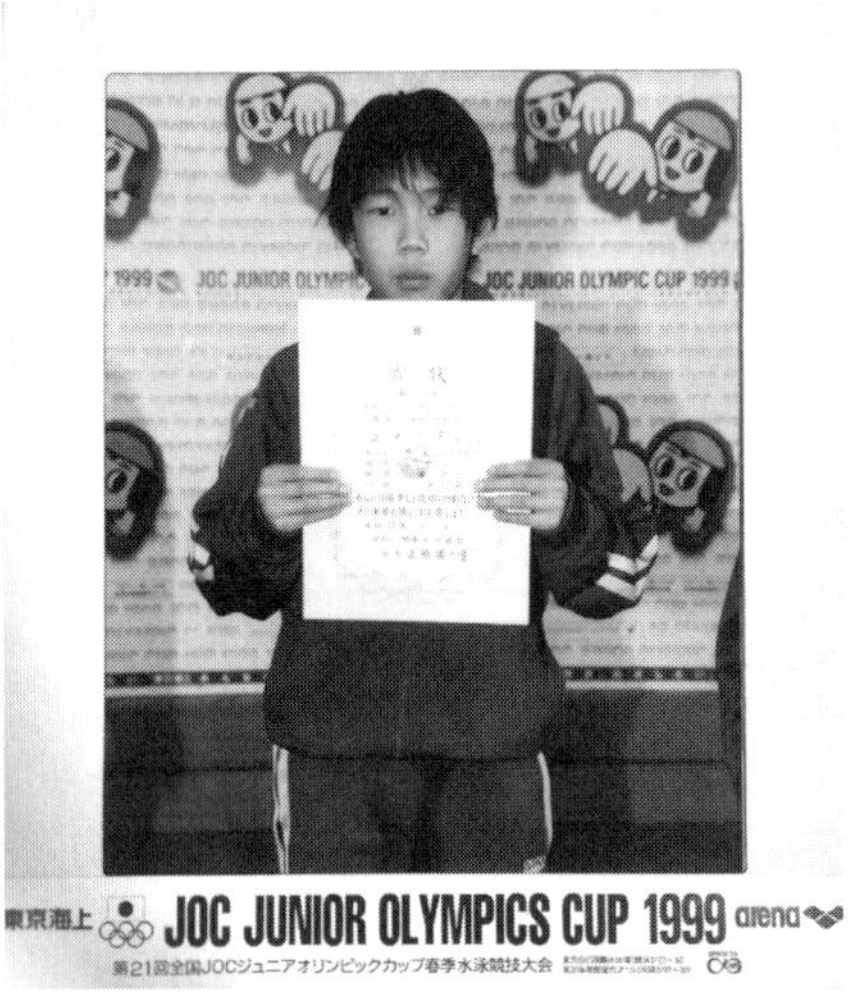

小学年生のときにはジュニアオリンピックに出場。当時の夢は水泳でオリンピックに出場することだった。【写真●本人提供】

オリンピックの夢を諦め〝中学デビュー〟？

「水泳をやめたい」とおかんに伝えたのは、中学校に入ってすぐの頃だった。

小学校では何よりも水泳を優先させてきた反動が中学生になって一気に来た。いろいろな小学校から生徒が集まってくる中学校では、これまでと違う友達ができた。世界が一気に広がって、新しい友達と一緒にいるとこれまで経験したことのないような「楽しさ」を感じるようになった。

「友達と遊ぶってこんなに楽しいんや」と、一瞬でそっちに気持ちが持っていかれた。それまでなら友達と一緒にいても時間になればスパッと切り替えて通っていたスイミングスクールに遅れるようになっていった。

〝やんちゃ〟な先輩、同年代の悪友たちとの交流に興味の矢印が向き始めたのも水泳をやめた理由の一つだった。

「スイミングあるある」の一つに、塩素で髪の毛が茶髪になるというのがある。毎日朝晩をプールで過ごしていた俺も、中1の頃は立派な茶髪に。入学式の直後に先生に「お前とお前とお前、あとでこっちに来い」と〝茶髪選抜〟入りし、「お前ら、髪の毛を黒く染めてこい」と初日から目をつけられてしまう。「プールで」「塩素で」と説明しても先生は「染めてこい」としか言わず、後から聞いた話によると、身長も高かったので一部の先輩たちにもしっかりマークされていたという。

一緒に呼び出された別のクラスの〝茶髪選抜〟とも呼び出しを機に話すようになって、ハードな水泳の練習に真面目に取り組んでいた反動がきた。

タイムも上がらないし、「他にも楽しいこといっぱいありそうやん」と思ってしまったら、もう小学生の頃のように水泳に打ち込む気持ちはなくなっていた。

「水泳、やめたい」と言ったときのおかんのリアクションは、「いいんちゃう」くらいの軽い感じだった。

水泳のコーチは、「これから体ができあがっていけばまたタイムも上がるし、絶対にやめんほうがいい」と引き留めてくれたが、もうやめると決めていたから、それまでがんばってきた割にはあっさり、きっぱりやめた。

今にして思えば、成長期の伸び悩みはよくある話で、あのまま続けていたらコーチの言うようにまたタイムが伸びた可能性はあったと思う。ただ、今振り返って思うのは、自分は水泳向きの性格じゃなかったこと。誰かと励まし合うこともなく、ひたすら自分との戦い。ラグビーに出会って思うのは、自分はまったく個人競技向きの性格じゃないということだ。水泳は自分と向き合う時間も長いし、隣にいる仲間は全員がライバルだし、精神的にはずっとキツかった。今では子どものスポーツは楽しくやればいいという考え方があるけど、あの頃は水泳をやっていて楽しいと思ったことはなかった気がする。

ただ、あの水泳のキツい練習があったから、中学、高校ではどんなにキツい練習や状況でも「あれに比べれば全然しんどくない」と思ってやってこられた。誰にも頼れない、自分との戦いでメンタルを鍛えられたのは、その後のラグビー人生にも役立っている。

楽しさを求めたサッカー部での違和感

水泳でのしんどさがあったから、中学校では楽しいことをやりたいと思っていた。そこで、小学生のときに自分からやりたいと言って始めたのに、水泳との二択でやめざるを得なかったサッカーをやることにした。

ガンバ大阪やセレッソ大阪、Jリーグの人気もあったし、幼稚園の頃からボールを蹴るのは楽しかった。小学校のときも、足が速かったこともあって、楽しくプレーできていた。

「サッカーなら楽しくできるやろ」

そう思っていたのだが、現実はだいぶ違った。

まず、部活を選ぶのに最初からサッカー部に決めていた選手との差を感じた。当然小学校での経験者が多いのだが、どうも初日から練習に参加していた子たちが優遇されているような空気を感じた。

「どういうこと？　部活って早い者勝ちなんや？」

スタートで不信感を持ってしまったのかもしれない。

練習内容も正直に言って楽しくはなかった。練習メニューの最初には、毎日グラウンドを25周する素走りが待っていた。距離にしたら5㎞程度なので、今考えたら体力づくりのためとか、いろいろ理由はあったのかもしれないが、その当時はボールも蹴れないし、ただ走るだけでつまらないと思ってしまった。

「今思えば」で言えば、それも自分が悪かったとわかるが、監督ともぶつかることがあった。中1の新入部員が監督に意見するわけだから、たしかに生意気なのだが、昔から自分が違うと思ったことは言わずにいられない性格だった。

あんなに楽しかったはずのサッカーが、ボールとは別のところで全然楽しくない。

「これは違うな」

そう思っていたときに気になりだしたのが、隣で練習していたラグビー部だった。

実はラグビー部の顧問だった山口博功《ひろのり》先生には、入学当初から「ラグビー部に入れ」と勧誘を受けていた。サッカーの知名度、人気に比べて、ラグビーは中学生にとってはよくわからないスポーツという印象が強く、体が大きいとか身体能力が高そうな生徒には片っ端から声をかけていた。

とはいえその時点では、ラグビーはやったこともなければ見たこともない未知のスポーツ。グラウンドでの練習を見る限り楽しそうではあったけど、何をしているのかもよくわからなかった。もう一つ気がかりだったのが、ラグビー部の3年生に一部かなり〝やんちゃ〟な先輩がいたことだった。「楽しそう」と思う半面、それ以上に「あの先輩怖そう」という思いがあって、山口先生の誘いにすぐ乗ることはなく、適当に返事をしていた。

「ケンカみたいでおもろい」ラグビーとの出会い

動いたのは、いよいよサッカーがつまらなくなり、3年生が引退する年末のタイミングだった。12月にサッカーをやめ、1月にはラグビー部の練習に参加していた。取材では

「ラグビーを始めたのは中学2年生」からと答えることもあるが、正確には中1の終わりにはラグビーを始めていた。

初めてのラグビーは何もかもが新鮮だった。

ルールも何も知らなかったから、「ボールは後ろに投げる」「前に落としたらあかん」とかとりあえず基本的なルールを教わった。

とにかく気に入ったのがタックルで相手からボールを奪うことだった。山口先生がそう言ったかどうかは定かではないが、「基本的なルールを守れば後は何をしてもいい」というのが自分に合っている気がした。相手を引き倒してもいいし、もうあれ殴ってるんちゃう？　みたいなプレーもあって「ケンカみたいでおもろい」。もちろん殴ったら反則だし、ケンカとはまったく違うスポーツだが、「今度は楽しくできそう」とワクワクした。

ラグビー選手として大きかったのは、最初に与えられたポジションだった。適性と言っても初心者なので、ある程度背が高い選手はフォワードをやるのが当たり前だろう。普通にいけば「山中はフォワードな」で終わっていたと思うが、そのとき技術指導に来ていた学生コーチの田代さんは、「山中はサッカーをやっていたならキック得意だよな？」という理由で、スタンドオフのポジションでプレーしてみろと言った。

そのときはスタンドオフが何かもわかっていなかったが、もしあのときフォワードになっていたら、大きくもなく、小さくもない〝普通のフォワード〟になっていた可能性もある。

サッカーをやっていたから蹴れるだろうという理由で、当時としては異色の大型バックス、キックを武器にするスタンドオフがやれたのは、本当にナイス選択！　と田代さんには感謝している。

「本気で優勝目指す」茶本さんの指導

大阪市立真住《ますみ》中学校では、ラグビーへの転向を勧めてくれた山口先生、スタンドオフのポジションを与えてくれた田代さん、そしてもう一人、恩師がいる。

真住中のラグビー部は、1学年10人弱程度で、12人制で行われる中学ラグビーでもなんとか試合ができるギリギリの人数という規模だった。強豪校というわけでもなく、大会で実績を残していたという話も聞いたことはなかった。

ラグビーを本格的に始めた2年生のときは、まだスタンドオフで試合に出られるような状態ではなく、足の速さを買われてウイングで試合に出ていた。パスができなくてもとりあえずボールを持って走ればいいと言われて、とりあえずその通りにやっていた。

自分たちが最上級生になったとき、田代さんに代わって、茶本武史《ちゃもとたけし》さんというコーチが来るようになった。茶本さんは大学でプレーする現役ラガーマンで、3年生になった自分たちにこんな質問をしてきた。

「本気で優勝したいか、このまま楽しくラグビーをやって引退するか、どっちがいい？」

一瞬、水泳の厳しさ、しんどさが頭に浮かんだが、どうせやるなら勝ちたいと思った。3年生で話し合った結果、みんなの意見も一緒だった。

「本気でやりたいです」

そう答えた瞬間から、真住中ラグビー部の練習は一変した。

茶本さんの伝手《つて》で、いろんな人が教えにきてくれた。その中には高校ラグビー界の名門で、ちょうどその頃花園を連覇していた啓光学園（現・常翔《じょうしょう》啓光学園）を卒業して関東学院大学に入学したばかりの高山国哲《くにあき》さんもいた。

現役バリバリの選手がガチで一緒にやってくれるから、激しさは中学生レベルじゃなかった。全員本気でやると決めていたから、キツさに文句を言うヤツも、途中で投げ出すヤツもおらず、夜はボールが見えなくなるまで練習するのが当たり前。保護者の車のヘッドライトを照明代わりにして練習することもあった。

練習の成果はすぐに出た。そもそも自分たちの代に、身体能力、運動能力の高い選手が集まっていて、そいつらが全員本気になったというのも大きかった。

春の大会では地区大会で優勝したし、最後の秋の大会では大阪市、大阪府大会両方で準優勝という成績を残せた。特に準決勝で当時は無敵を誇った啓光学園中学を破ったことは、大阪ではかなり話題になった。決勝では、高校のチームメイトになる木津武士（元日本代表）擁する小阪《こさか》中学校に惜敗。当時から100kg超え、相撲でも負けなしだった木津は、一人だけ大人、バケモノで、あいつ一人にやられた試合だった。

寝屋川《ねやがわ》からの転校生、盟友・カンゾー

2019年に真住中を訪ねたときに校長先生として出迎えてくれた山口先生に聞いたところによると、後にも先にも自分たちの代の成績を超えるチームはないそうだ。

中学時代、何の実績もなかった真住中が大躍進を遂げた理由は、茶本さんとの出会い、本気の指導とハードな練習の他にもいくつか理由がある。一つは、中濱寛造（カンゾー）の存在だ。カンゾーとは、後に早稲田、神戸製鋼でもチームメイトになる。

出会いは小学生に遡《さかのぼ》る。4年生で転校してきたカンゾーは、髪の毛にメッシュが入っていて、転校初日から他の友達とケンカしていた。「寝屋川からヤバいヤツが来た」と思った。最初は野球をやっていて、中学でも野球をやっていたが、最終的にラグビーを選んだところも似ている。

プロフィールにある身長は176cm、当時も大きくはなかったけど、身体能力は高かった。

あの地域で同じ学年から二人もラグビー選手が出るのも珍しいけど、最初からラグビーをやろうと思っていなかった二人がなぜかそれぞれラグビーに出会って、トップリーグで活躍し、日本代表に選出されることになるとは、そのとき誰も思っていなかったと思う。

ハイパント戦略で素人軍団が勝利を重ねる

その他のメンバーも能力は高かったが、ラグビー経験は浅い選手も多くて、中学のトップレベルから見てラグビーがうまいと言える選手はいなかった。そこで茶本さんが考えたのがハイパントキックからウイングやフォワードがプレッシャーをかけて、相手陣内に攻め込む戦略だった。

鍵を握るのは、俺の左足。中学生で味方の攻め込む時間を稼ぐほどの滞空時間を持ったハイパントを蹴れる選手はまずいなかった。だから、そんな戦略を採用するチームはどこにもいなかった。

ハイパントのキック練習だけは誰にも負けないくらいやった。

筋トレも必要だと、近所のトレーニングジムにみんなで行ったときも、しゃべってばかりであまり真剣にやらなかった記憶があるが、インストラクターの人に「キックを飛ばすためにはどういうトレーニングがいいですか？」と聞いて、教えてもらった器具を使ったトレーニングだけは結構真面目にやっていた。

キックが武器だという意識は茶本さんがハイパント戦略を立てる前からあって、2年生のときもネットに向かってひたすらキックを蹴る練習をやっていた。一度、ネットに当たる前にボールが落ちて、女子マネージャーの頭を直撃したことがあった。マネージャーが泣いていたこともあって、すぐには自分が蹴ったと言い出せず、山口先生に「下手くそなキックを蹴るな！」と怒られて、キック恐怖症になったこともあった。結局マネージャーは部活をやめてしまって、悪いことをしてしまったが、自分には先生の一言でイップスになる繊細な面もある。

“スラムダンク”か楽しいラグビーか東海大仰星か

茶本さんのハイパント戦略は、見事にハマった。経験が浅く、パスでゲームをコントロールする技術がないスタンドオフが、バカみたいに高いパントキックを蹴って、相手がミスをしてもキャッチをしてもガンガン突っ込んでくる。中3のときは、左へのスクリューパスしかできなかったから、キックしかなかったというのが正確なところだが、実はこのキックが、東海大仰星高校進学につながった。

3年時の活躍が認められた俺は、大阪選抜（オール大阪）に選ばれた。Aチームではリザーブだったが、ハイパントだけは異様に目立っていた。そのキックに目をつけたのが、東海大仰星高校のラグビー部の監督、土井崇司《たかし》先生（現・東海大相模高校・中等部校長）だった。

中学では「本気で勝ちにいく」と決めていたが、実は高校でラグビーを続けるかどうかは迷っていた。

高校ではまた楽しくやれればいいかなという思いもあったし、その時期に『ＳＬＡＭ ＤＵＮＫ（スラムダンク）』を読み出した。

やんちゃな中学生だった自分にとって、スラムダンクはすごすぎた。あまりの衝撃に「高校ではバスケをしよう」と思うくらい。近くの高校だと、東住吉工業高校（現・東住吉総合高校）のバスケ部が全国大会上位の常連だった。学力的にはいけそうだったので、東住吉工業でバスケをやろうと思っていた時期もあった。

ラグビーを続けるにしても、知っている先輩が何人かいて、ちょうどいい感じだと聞いていた浪速《なにわ》高校で楽しくラグビーをやろうと思っていたほどだ。

中学時代は、ラグビー以外の面でも多感な時期だった。ラグビー部のメンバーの他にも幅広く友達がいて、その友達と部活が終わってから遊びに出かける毎日だった。

3年生になってからは、車のヘッドライト照明で21時くらいまで練習した日も、いったん家に帰って出かけるほど。普段は19時には練習が終わるから、家に戻って晩ご飯を食べてから遊びに出かけていた。

中学生だから、遊ぶと言っても行き先の選択肢は限られている。公園でしゃべっているくらいのもので、かわいいものだった。移動手段はチャリだから、みんなで無駄に遠出してみたり、とにかく友達といるのが楽しいという時期。

近所の駄菓子屋で『ブタメン』を買って、パックのレモンティーを飲みながら公園でしゃべるのが定番だった。家とプールの往復だった小学生時代には、牛乳とフルーツオレしか飲めなかった自分にとって、レモンティーやミルクティーを飲む同級生はやけに大人びて見えた。

「俺だけフルーツオレって、おこちゃまやん」

小学生の頃からなんとなく苦手だった炭酸飲料を克服したのもこの時期だった。彼女がいたこともあったけど、男子とつるんでいるほうが断然楽しかった。がんばってファンタを買って飲んだり、背伸びしてレモンティーやミルクティーを飲むだけで、少し大人になった気がしていた。

ラグビーはきっちりやっているけど、ラグビー部以外の仲間と遊ぶ楽しさも失いたくない。

進路に悩んだのは、練習漬けで厳しいラグビー強豪校に入ったら、この楽しさがなくなって、しんどいだけになるんちゃうかという思いがあったことも大きい。

そんな気持ちを知る由もない土井監督が真住中を訪ねてきたのは、3年の秋頃だったと思う。

「日本代表にしたる」突拍子もない誘い

「仰星の土井監督がお前に会いたがっている」

顧問の山口先生に呼ばれて行くと、土井監督は思ってもみないことを言った。

「日本代表にしたるから。一緒に仰星でラグビーしよう」

勝つために真剣にラグビーをやっていたけど、日本代表の試合なんて見たこともなかったし、何なら仰星の試合も、花園も見たことがなかった。どれくらい強いのかとかも他の人らが話しているのを聞いて「そんなもんか」と思っていたくらい。

最初は「はぁ」みたいなリアクションで、土井監督が「絶対日本代表になれるから仰星においで」と熱心に話を進めるにつれて、心の中では「日本代表って何言ってんねん。ウソつけよ」と思うくらい、突拍子もない話だった。

結果的には仰星に進学することになるのだが、土井監督に最初に誘われたときは本当にこんな感想だった。その後に、新井慶史《よしのぶ》（元神戸製鋼コベルコスティーラーズ）とか、オール大阪で一緒だった選手が仰星に行くみたいな話を聞いて、それなら知らん人ばっかりでもないからいいなぁと思い始めた。

でも一番大きかったのは結局、土井監督の「日本代表にしたるから」の一言だったと思う。

『スラムダンク』を読んだとき、自分も桜木花道みたいになれると本気で思っていた。高校から始めてインターハイ常連の東住吉工業でもやっていけると本気で思っていた。要するに乗せられやすい性格というかその気になりやすいというか……。それがどれくらい大変で、すごいこととかもピンときていなかったけど、「日本代表」という響きには好奇心を刺激されたし、そんなすごい監督が「したる」と言うんだから、いけるんやろうなと、それまで悩んでいたのがウソのように仰星進学を決めた。

土井監督がそのときの俺を見て、本気で日本代表になれる逸材だ！　と思ったかどうかの本心はわからない。でも後に聞いたところによると、初めて会ったときの態度は監督の記憶に残るくらいひどかったらしい。

「お前、あのときヤバかったぞ。ちーっすみたいな感じで入ってきてすごい態度悪かった」

自分だったらそんなチャラチャラした中学生のガキに、日本代表になれるって言えるか？　態度が悪かったことはまったく記憶にないけど、土井監督に「日本代表にしたる」

と言われなかったら、間違いなく今の自分は存在していなかった。

ラグビーの難しさと奥深さ

仰星に入ってまず感じたのは「ラグビーってこんなに難しいんや」ということだった。

「こんなに頭を使って、考えながらやるスポーツなんや……」

それまではハイパントキックと、自分でも攻め込んでトライを取るアグレッシブなプレーに自分なりのラグビーの楽しさ、気持ちよさを感じていたが、「仰星のラグビー」は、もっと緻密で、理詰めの戦略で2次、3次、4次、5次くらいまで攻撃の動きが決まっていて、それに沿って全員でトライを決めるラグビーだった。当時のオーストラリアが採用していたシークエンス・ラグビーのように、攻撃パターンを事前に決めて組織で攻めるやり方だ。

1年生のときは、仰星のラグビースタイルに適応するのに必死だった。

ポジションは変わらずスタンドオフだったので、他のポジションの選手より覚えることは多かった。

最初はサインを出す以前の問題で、スターティング・コール後に、なぜこの動きをするのかがわからなかった。見よう見まねで動いてはいたが、どういう意図で動くのかを理解することから始めるから、頭がパンクしそうだった。

自陣からの攻撃ではハイパントで敵陣に攻め込む。22mラインに入ったらロングキックで、自陣10mくらいまではハイパント。土井監督は、このハイパントキックだけを見て誘ってくれたわけだから、ここは徹底されていた。敵陣に入ってからはスタンドオフが出したサインによって攻撃パターンが決まっている。当時の仰星では、フィールドを縦に5つに分割した各ゾーンごとに番号を割り振っていて、「230α5」とか「312α4」とかの暗号のような言葉でサインを伝えていた。数字はゾーン、αはアクションを割り当てるのが一般的だが、このときは「フォワードがピックに行く」というアクションに割り当てられていた。「230α5」なら「2のゾーンから3→0でフォワードがピックに行って5のゾーンまで運ぶ」みたいな構文と、いくつもあるパターンを覚えなくてはいけなかった。

ハイパントキックでなんとかしてきた自分には、基礎的な技術を身につけるための練習も必要だった。相変わらず苦手だった右パスが投げられるようになったのは、高1のときに猛練習したから。スクリューパスでは、利き手によって左右のパスに得意不得意が出る。俺の右パスはチームメイトから「地を這う竜」と呼ばれるくらい下に行っていたが、ラグビー強豪校で中学でもプレーしていて右パスが投げられなかったというのもすごい話だと思う。

規格外、問題児揃いの1年生？

高校1年生のときは、公式戦に出た記憶はない。同じポジションに3年生のキャプテン、金谷広樹《かなやひろき》さん（現・大阪産業大学附属高校ラグビー部コーチ）がいたこともあって、3年生はやっぱり怖いイメージがあった。

あるとき、1年生数人が寝坊して練習試合に遅れていったことがあった。バスで奈良に行くはずが、集合時間から2、3時間は過ぎていた。この時点でもう行きたくなかったが、来いと言われたから電車とタクシーで会場に向かった。運が悪いことに、この日の練習試合に出る予定だったのは俺だけ。他の1年生はケガとかで出る予定がなかった。

「すぐに着替えてこい」

会場に着くと、すでに試合は始まっていて、俺だけがそう命じられた。

「ダルいのぉ」

誰にも聞こえないと思ってついた悪態を、ケガで休んでいた3年生に聞かれてしまった。遅刻しただけでなく、ふてくされる1年生……。その日は試合に出ず、先輩に愛のある指導をいただいたのは言うまでもない。翌週1年生は全員坊主。時代的に、他の高校に比べたら理不尽なことはなく、いい意味で厳しい先輩たちだったが、とんでもない1年が入ってきたなと思ったと思う。自分なら「なんやこいつ?」と思っただろう。

後の結果が示すように、同期はとんでもない選手が集まっていた。個性的な選手も多く、入学した当初には、このメンバーで本気でやったら優勝できると思っていた。土井監督にも「お前らは3年生になったら絶対に優勝できる。それぐらいのポテンシャルはあるからどんな大会でも優勝を目指してがんばれ」と言われていた。

それでも強豪の仰星では、1年生から試合に出るのは至難の業。大阪大会の決勝で啓光学園と決勝を戦ったときは、もちろん観客席から応援していたし、1年生で試合に出ていたのは前川鐘平《しょうへい》(元神戸製鋼)くらいだった。

能力の高い1年生が、レベルの高い2、3年生と競争しながら、個人の能力だけではなく、戦術的な組織力で点を取るラグビーを学べたことが後の結果につながった。

コベルコカップで得た自信と成長

自分のプレーに限って言えば、1年生の頃は頭と基礎を鍛える時間。優勝と言われてもまだピンときていなかったし、戦術やサインを覚えたり、選手だけのミーティングで試合での動きのパターンをシミュレーションしたりするのが大変だった思い出しかない。練習もたまに休んだりもしていたし、やる気満々というわけではなかった。

2年生になって、全国の17歳以下の選手を9ブロックに分けて集めるコベルコカップ(全国高等学校合同チームラグビーフットボール大会)のメンバーに選ばれて、近畿選抜で他の高校の選手とプレーしたことで、少し自分のプレーに自信が持てるようになった。「仰星のラグビー」にもある程度慣れて、2年生のときはリザーブに入れるようになっていた。花園もリザーブで出た。レギュラーのスタンドオフは、堅実なタイプで安定したプレーをしていたけど、俺はトリッキーなパス、派手なプレーばかりやっていた覚えがある。

2年生で覚えているのが、リザーブでベンチにいるときのこと。

「あそこでパス出したらええのになぁ」と土井監督にギリギリ聞こえるくらいのボリュー

ムでボソボソ言う。早く試合に出たいから、「俺はわかってますよ」というアピールのつもりだった。監督はずっと無視していたが、大人になってから「ようボソボソ言っとったな。あれを聞いてすごいなと思ってたわ」と言われたのには驚いた。ボソボソつぶやくことが全部的確で、ゲームがよく見えていると思ったと。それでもレギュラーにはなれなかったから、「俺を使え」という主張のためにボソボソつぶやき、「自分ならこうするのに」と、頭の中で作戦を巡らせながら試合を見ていた。

〝キング〟カルロス・スペンサーへの憧れ

それまで「観るラグビー」にはまったく興味がなかったが、この頃「この人すごい！あんなふうにプレーしたい」と思える選手に出会った。それが、オールブラックスのスタンドオフで〝キング〟の愛称を持つ、カルロス・スペンサーだ。

ちょうど2年生くらいからスーパー12（現・スーパーラグビー）を見るようになって、ブルーズのスペンサーがとにかくカッコよくて、ビデオで何度も巻き戻して見ていた。もろに影響を受けて、その頃からノールックパスとか股抜きパスとかトリッキーなパスをやりだした。

スペンサーはずっと好きで、2003年にブルーズが優勝したときの決勝トライを、ゴールポスト下に置けばいいのに、わざわざ端に置いて、角度のあるキックを決めて勝つのとか、エグくて憧れた。

密かにあった高卒即イングランド行きの可能性

そして迎えた高校最終学年、3年のときは正直、どこにも負ける気がしなかった。2006年の仰星を高校ラグビー最強チームに挙げてくれる人もいるようだが、土井先生と俺たちの目標は「サニックス・ワールド・ユースで優勝すること」だった。

サニックス・ワールド・ラグビー・ユース交流大会は、2000年から始まった国際交流大会で、ニュージーランドやオーストラリア、イングランド、フランス、南アフリカなどのラグビー強国の高校が参加してGWに開催される。それまで日本の高校が優勝したことはなく、「目標は花園ではなく、世界に勝つこと」というのが新チーム結成時の合言葉だった。

結果は、残念ながら3位。準決勝でニュージーランドのクライストチャーチ・ボーイズ・ハイスクールに0対14で負けてしまった。2024年に大阪桐蔭が優勝するまで、海外勢が参加したサニックス・ワールド・ユースで優勝した日本の高校はなかったから、相当高い壁だったとは思うが、この試合を除けば3年時は公式戦無敗だったので悔しさは残った。

3位決定戦では東福岡高校と戦った。この直前、4月の選抜大会でも決勝で当たり、31対15で勝利を収めている。結局、ライバルとされていた東福岡とは、花園の決勝も合わせて4回対戦したが、すべてが仰星の勝利に終わった。

サニックス・ワールド・ユースでは、個人的にも印象に残っていることがある。といっても試合中のことではなく、大会後の話。

大会を視察に来ていたイングランドのあるクラブの関係者が、「ぜひ来てほしい」と言っていると土井監督から聞かされた。俺のパスを見た海外の関係者がワラビーズ（オーストラリア代表）で活躍したデイヴィッド・キャンピージみたいなパスだと、ピッチサイドで「キャンピージ！」と声をあげていたから、スカウトに動くくらいのアピールはできたのかもしれない。

正確な時期は忘れたが、そのときはすでに早稲田大学の進学を決めていて、もうすっかり早稲田に行くつもりでいた。イングランドのクラブからのオファーは、大学に通いながらクラブからお金がもらえるという好条件で、土井監督はイングランド推し。花園よりサニックス・ワールド・ユースを目標にするくらいだから、土井監督の中でも日本ラグビーが世界と戦うためには？　というテーマがあったのかもしれない。日本ではかなり変わり者のスタンドオフ、山中が成長するには海外のほうが合っていると思ったのかもしれない。とにかく土井先生は熱心にイングランド行きを勧めてくれたが、心の中では「英語とか話せないし、友達と離れるのイヤだし、早稲田のほうが何かカッコいいやん」と、イングランド行きは考えていなかった。

東海大仰星に通っていたら、東海大の進学も考えるのかもしれないが、進路希望で早くから早稲田に行きたいと監督には伝えてあって、早稲田から話があったから「じゃあそれで」という感じだった。最終的にはイングランドを断って早稲田に進むことになったが、今考えると、純粋にラグビーのことを考えてイングランド行きを選ぶのも悪くなかったとは思う。

高校日本代表の夏の思い出

海外といえば、この年の7月から8月にかけて高校日本代表のオーストラリア遠征に行ったことは印象に残っている。ホストファミリーの家にホームステイしながら、現地のチームと対戦した。札幌山の手高校のリーチマイケル（当時はマイケル・リーチ）と二人で同じホストにお世話になって、リーチに通訳してもらいながら過ごした。リーチはみなさんのイメージ通りめっちゃシャイで、ホストファミリーの同年代の女の子と会話するのも顔を赤らめていたくらい。あるとき、俺が寝ていたら、リーチとその女の子が、楽しそうに話をしていた。くっついていたとかそんなんじゃないけど、起きて「リーチ、何してるん？」と声をかけたら、顔を真っ赤にして恥ずかしがっていたのをよく覚えている。

高校とはいえ日本代表にも選ばれて、高校生ではなかなか経験できない体験をさせてもらって、オーストラリア遠征は特に楽しかった記憶があって、ラグビーをやってて良かったなと思った。

公式戦無敗のレジェンドチーム

高校3年間の集大成になる花園は、本当に負ける気がしないまま予選に入った。本大会では相性的に「イヤだな」と思うところと当たらないくじ運にも恵まれて、イメージ通りの道筋で優勝できた。

社会人でプレーした選手も多くて、メンバーの名前を挙げ出したら切りがないけど、特に目立っていたのは前川と当時はロックだった木津。前川は1年から試合に出ていたし、やんちゃな選手が多かった仰星で唯一と言っていいほど真面目な選手。特にラグビーに向き合う姿は素直に尊敬している。ウェイトに関しては変態の域。入学した頃からしっかり体をつくって相手を吹っ飛ばす姿が強烈だった。

木津は高校時代はフッカーじゃなくてロック。独特のオーラがあって、1年のときは同級生からもなぜか「木津さん」とさん付けで呼ばれていた。一人だけ大人のオーラを放っていて、みんなも怖かったんだと思う。あのサイズで俊敏さもあって、バスケットボールをやっていたのでステップとかの身体の使い方もうまくて、ポテンシャルを含めて「ああいう選手が日本代表になるんやろうな」と思って見ていた。

個人的によく覚えているのが、センターの谷野智紀。ラグビーIQの高い選手で、サインを迷って「どうする?」と聞くと、パッと的確な判断を下してくれた。ゲームコントロールは谷野の判断に任せている部分もあって、かなり頼りにしていた。

個々の能力が高いことはもちろん、全員が負けず嫌いだったこともこのチームの特徴だった。俺がパスを出して、それがミスになったときに「ちゃんとパス取れや!」と言うと、「ちゃんと投げろや！」と返ってくる。キャッチミスを責めたら普通は「ごめん」となって、ちょっと気まずい雰囲気になりそうなもんだが、「お前のパスが悪い」と、ケンカが始まり、つかみ合いになることもしょっちゅうあった。

キャプテンの緑川昌樹（元ＮＴＴドコモレッドハリケーンズ）は、うまくバランスを取ってチームをまとめていたが、誰か一人のキャプテンシーでまとまるようなチームではなかった。個性と我の強い集団だからこそ、一つになったときにすごい力を発揮することを全員がわかっていた。

東福岡との決勝も作戦通りに事が運んだ。苦手意識がなかったとはいえ、東福岡の得点力は侮れなかった。試合前、グラウンドレベルでは少し風が強くなってきていた。チーム内で「（前半は）風下を取ろう」という話になっていて、うまく風下を取れた。

試合開始と同時に、風上の東福岡がどんどん攻めてくるけど、こっちはハイパントキックで距離を稼ぎながら０対０で折り返した。実はこの時点で、仰星側は勝利を確信していて、前半終了のホイッスルとともにガッツポーズをしている。

風上に立った後半は、３トライを含む19得点。東福岡も１トライして返してきたけど、あの試合は前半で勝負あり。１シーズン持ち続けた自信がそのまま勝利につながって、決

第 86 回全国高校ラグビー大会の決勝で東福岡を 19-5 でねじ伏せ、圧倒的な強さを誇って勝ち取った優勝。【写真●井田新輔】

勝でもそのまま勝ちきったという感覚だった。

仰星としては7大会ぶり2回目の優勝。土井監督にとっても俺たちにとっても、入学したときの宣言通り、有言実行の優勝となった。

個性を消さず強みを伸ばす土井監督の指導法

個人としては、スタンダードなパスよりトリッキーなパスを出すことで注目してもらった。2年生くらいからカルロス・スペンサーの影響もあって、意外性のあるパスを多用するようになったのはすでに話した通り。ただ、変則的なプレーや意外性のあるパスは一人で勝手にやっていたらうまくいかない。派手に見えるパスも、練習中からちゃんと意図を持ってパスを出して、その意図をチームメイトが理解してくれて動いてくれているから成り立つ。「山ちゃんは、こういう場面ではこういうパスを出す」というのをわかってパスコースに走ってくれたり、ノールックパスに反応してくれたりするからこそ、それがトライにつながった。

目立つプレー、特にトリッキーなパスは〝ザ・日本の部活〟では、基本に忠実なプレーをしろという声があがっても不思議ではないが、土井監督が思うようにやらせてくれたこともありがたかった。もし練習中に「そんなパスすんな！」とか「ちゃんと放れ！」とか言われていたら、結果はまた違っていたと思う。

２００６年の仰星が唯一無二な理由

後から聞いた話では、俺らの代のラグビー部は、圧倒的な強さで無敗優勝をしたことで世間からも大きな注目を集めたが、「学校を挙げてお祝いムード」というわけではなかったらしい。もちろん優勝は評価してもらっていたが、ラグビー以外の普段の態度などから、「ラグビーだけやっていればいいわけじゃない」と思う先生方もいて、その点ではたしかに迷惑をかけたこともあった。

土井監督にはいろいろ話をしてもらったが、個別に呼び出されたときはラグビー以外の話が多かった。土井監督の後を受けて仰星の監督になった湯浅大智《ゆあさだいち》さんは、当時フォワードコーチをしていたが、２００６年の日本一を機に、日常生活をいかに過ごすかの大切さに気づいて、それを仰星ラグビー部の指導の中心に据えている。

問題を起こしたりするのは論外だし、日常生活の大切さも今ではわかるが、高校生がどんどんおとなしくなっている今、自分たちのような個性の強い集団はもう出てこないだろうなとは思う。失敗やミスを怖れず、お互いに主張しながら高め合う環境も、時代を問わずいろいろな意味で自分を成長させてくれるはずだ。

相変わらずの高校生活

ラグビー以外の日常生活では、相変わらず地元の男友達と遊ぶ日々が続いていた。仰星には寮もあったが通い組だったので、電車で1時間以上かけて通っていた。日本一になったラグビー部といったら、ひたすらラグビー漬けのイメージがあるかもしれないが、俺に関しては居残り練習はほとんどせず、家でご飯を食べ終わったら近くの公園に行って地元の友達とジュースを飲みながらしゃべる、中学時代の日常が続いていた。それが高校時代の一番の楽しみだったと言ってもいい。

勉強はラグビー部の同期よりはできた。野球部、サッカー部、柔道部、剣道部、そしてラグビー部を中心とするスポーツクラスにいたから、クラスの学力レベルも高いとは言えなかったが、授業の内容が出るテストはまぁまぁ点を取れた。

スポーツクラスは男子しかいなかったから、校内では恋愛っぽい話はなかった。それもあって、女子と話すのが恥ずかしかった。高校生だから、友達の紹介とかで会うことはあったけど、何を話していいかわからなかったし、地元の男友達と遊んでいるほうが楽しかった。

干渉しすぎず見守ってくれた両親への感謝

高校生活を終えて親元を離れることになるのだが、このタイミングで家族、主に両親との関係についても触れておこうと思う。

おとんからは、ラグビーについてほとんど何も言われたことがない。水泳時代もそうだったが、いいとか悪いとかこうしろとか言われた覚えがない。おかんは、水泳のときにタイムが悪かったりすると「何やっとん！」とか言ってきた覚えがあるけど、ラグビーに関しては何も言わなかった。

自分が親になって思うけど、子どものやることに口を出さないというのはなかなか難しい。おとんも、菅平の合宿に来てくれたから興味がないわけではなかったと思うけど、花園で優勝したときもおめでとうでもなく、「ああ、良かったな」くらいの薄い反応。おとんは優しくて、公園でキャッチボールとか、サッカーボールを蹴ったりとか、子どもの頃はよく遊んでくれた。家族の前では無口で、怒られたこともほとんどない。

そういえば一度だけ口答えをしてブチ切れられたことがあった。家でゲームをしてて、おとんに何か言われたけど、ゲームに集中したかったら、「ちゃんとやってるわ。もうええって」と口答えした。それに怒ったおとんが、リビングにあった『週刊少年ジャンプ』を真っ二つに引きちぎって、ゲームを窓から捨てようとした。

マンガみたいなことが目の前で起きて、めちゃくちゃ怖くなってその場から逃げたけど、戻って謝ったらすんなり許してくれた。

「あの分厚いジャンプをそんな簡単に……」

どんな腕力やと思うけど、おとんはちゃんとスポーツやっていたらいいところまでいったんじゃないかと思うくらい身体能力は高かった。

おかんは大学でバレーボールをやっていたからか、おとんより口出しはしてきた。それでも、具体的なプレーに文句を言ったり、知らないのにアドバイスするようなことはなかった。水泳に連れて行ってくれたのもおかんだし、やりたいと言ったことはなんでもやらせてくれた。

「何かのスポーツで日本代表になる」という直感のこともあったのか、朝早くから弁当をつくって車で送ってくれて、帰りは迎えに来てくれて、文句一つ言わずに全部当たり前のようにやってくれていた。試合は必ず見に来てくれて、今でも神戸で試合があるときは駆けつけてくれる。

中学時代の反抗期に、めちゃくちゃ反抗して言葉でおかんを泣かせてしまったことがあった。手をあげたりはしなかったけど、言葉ではかなりひどいことを言った。

応援してくれていた家族でいえば、母方の祖父、亡くなったじいちゃんは、俺がやるスポーツ全部詳しくなってしまうほど応援してくれた。水泳をしていればテレビで水泳を見て選手に詳しくなったり、ラグビーをやり出したら国内外のラグビーを見るようになった。中学生のときにスーパー12を見られたのも、じいちゃんが「J SPORTS」を見られるようにしてくれていたからで、ビデオに録画してくれたものを見ていた。

じいちゃんは、海外にも行くくらいのガチの山登り愛好家で、仕事を引退した後はずっと山登りに出かけていた。ワールドカップに出場したときは、もうほとんど目が見えていなくて、テレビで見えたかどうかというところだけど、入院していた病院にジャージを持っていって、日本代表としてワールドカップに出場したよと伝えることができたのは、少し恩返しできたと思う。

こうして改めて振り返ると、おとんとおかん、じいちゃんだけでなく、家族にはものすごく支えてもらっていたことに気づく。やりたいことを自由にやらせてもらって、それを全力でサポートしてくれた。「あれをやれ」「これをやれ」と言われたこともないし、あんなに本気でやっていた水泳をやめるときも特に引き留めたりせず、やりたいようにさせてくれた。

サポートはするけど口出しはしない、干渉しすぎないっていうのは子どものことを考えているからこそだと今ではわかる。

第三章

空白の時間

入学早々やらかした〝茶髪事件〟

大学は当初の希望通り早稲田に進むことになった。旅立ちの日、カンゾーと二人でおかんや地元の友達に見送られた新大阪駅の景色は今でも覚えている。

親元を離れるのは初めてだったし、何よりいつも一緒につるんでいた地元の友達と離れるのがつらかった。東京行きの新幹線に乗り込んで横を見ると、カンゾーも泣いていた。別れ際は気丈に振る舞っていたおかんも帰りの車で泣いたそうだ。

東京に着くと、上井草《かみいぐさ》にある早稲田のラグビー部の寮に向かった。寮に着くと、高校日本代表で一緒だった桐蔭学園の宮澤正利（現・早稲田大学コーチ）が、「山ちゃん、髪の毛大丈夫？」と言ってきた。

言われてみれば、春休みにめちゃめちゃ茶髪にして、パーマを当てていた髪の毛は、たしかに部活仕様ではなかった。一応、何週間か前に黒染めはしたものの色はかなり抜けてきていた。

「いや、いけるやろ」

今思えばなぜいけると思ったのか謎でしかないが、そのとき宮澤にそう答えたのにはちゃんとした（？）理由があった。

この少し前、セブンズ（7人制ラグビー）日本代表候補の合宿があった。高校の卒業式と被ったこともあってよく覚えているのだが、そこには、早稲田の新4年生となる畠山健介さん（元日本代表）が来ていた。畠山さんも、これから後輩になるヤツだという認識はあったと思う。こちらからあいさつをして何度か短い会話をした覚えがあるが、髪の毛については何も指摘されなかった。

卒業式の頃は今よりもっとヤバい茶髪だったから問題ないはず。あんまりヤバかったら、畠山さんもなんか言うやろ？　言われなかったから大丈夫やろ？　というのが自信の根拠だった。

強烈な洗礼を浴びたのは、その日の夕食のときだった。

食堂でハンバーグを取ろうと列に並んでいたら、突然、4年生の五郎丸歩さんが詰め寄ってきた。

「キサンッ、何しようとや、そん髪」

九州訛《なま》りの言葉で凄まれ、ただただ恐ろしかった。本気で殺されると思った。同時に、方言で言われたので何を言っているのか理解するまで少し時間がかかり、どうやら髪型のことを言ってるとわかると、ハンバーグの列から弾かれたように外れ、ダッシュで美容室を探した。寮の近くの美容室に駆け込むと、とにかく髪を黒くしてほしいとお願いした。パーマを取るのは時間がかかるから無理。まず黒染めだけやって帰ろうと思った。

あのとき、カンゾーも茶髪・パーマだったはずで、先輩から何か言われていたような気もするが、茶髪度は明らかに俺のほうが上だった。

髪を染めてもらっている間、何を考えていたかはまったく覚えていない。どうするつもりだったのか？　どうすればいいのか？　とにかく髪を黒くして戻ろうということしか頭に浮かばなかった。

寮に戻ると、もう夕食の時間は終わっていた。その足で五郎丸さんの部屋に報告しに行った。ドアを開けると部屋は真っ暗。電気がついていない中でテレビだけがついている。寝転んでいる五郎丸さんの背中に「黒染めしてきました」と伝えると「あぁ」と感情が読み取れない返事が返ってきた。

「終わった……。俺の4年間は初日にして終わった」

そのときは荷物をまとめて大阪に帰りたい、ここから今すぐ逃げ出したいという気持ちでいっぱいだった。

五郎丸さんと同じく4年生で、主務の左京知久さんからは、「パーマは地毛なの？」と聞かれた。もちろん地毛じゃないが、「ハイ、地毛なんです」となんとか地毛で通した。

後から聞いたら、五郎丸さんもみんなの前であんなふうに怒りたくはなかったのだという。たしかにそういうタイプではないけど、主将ともう一人の副将が不在だったので、副将として無理にスイッチを入れて怒ったらしい。「山中の髪の毛問題」は、4年生の間ですぐに話題に上り、誰かが言わないと示しがつかないぞと話し合っていたそうだ。五郎丸さんが代表して釘を刺すためにした行動だった。

プレッシャーなく伸び伸びできた1年生

意気揚々と早稲田にやって来て早速のやらかし。前途多難な大学生活の幕開けだが、ラグビーのほうでは、高校入学時と同様「この学年は強くなる」という期待を受け、実際そう言われるだけのタレントが集まっていた。

新1年生への期待は、4月の入部式の後に行われる毎年恒例の新歓試合でさらに高まることになる。

東福岡の主将だった有田隆平、宮澤、カンゾーがいる1年生チームは、2年生相手に互角以上の戦いを演じた。最後には2年生にして、バリバリ一本目の早田健二さん（九州電力キューデンヴォルテクス）が出てきて負けはしたものの、「あわや」と思わせる試合内容だった。例年の新歓試合は、1年生に大学ラグビーのレベルを見せつけて鼻っ柱を折る試合展開になることが多い。

「高校レベルではスターかもしれないが、それじゃあ通用しないぞ」と、やり込めるはずの試合で前半はリードを許し、急遽レギュラークラスを投入せざるを得なかった試合後の2年生の様子は、新歓試合とは思えないものだった。

もちろん大学でも通用する自信はあったが、この善戦で調子に乗ったかというとそういうわけでもなかった。五郎丸さんの洗礼を受けた後ということもあったのかもしれないが、2年生の真剣さ、試合後の表情に感じるものがあった。特に田邊秀樹さん（元神戸製鋼コベルコスティーラーズほか）が、試合を終えてシャワー室に向かうときに涙していたのを目にしたときは驚いた。それくらいみんな真剣なんだと改めて気を引き締めるきっかけにもなった。

初めて〝赤黒〟に袖を通したのは、6月10日のヤマハ発動機ジュビロ（現・静岡ブルーレヴズ）戦だった。5月も試合には出ていたが、いずれもBチームでの出場。相手にとっては調整試合、ベストメンバーではなかったが、21対24と善戦した試合だった。と、振り返ってみたが、例のごとく「たぶん最初はヤマハだった」という記憶があるくらいで、赤黒ジャージをもらった感慨とか、Aチームデビューの詳細はまったく覚えていない。

その年の公式戦は、関東大学対抗戦の初戦、成蹊大学戦から10番をつけて出場した。対抗戦は全勝で1位、大学選手権（全国大学ラグビーフットボール選手権大会）も優勝。そのすべてに出場させてもらった。高校で花園、1年生で大学選手権を制したので、当時はひそかに「俺だけ2連覇！」と思っていた。

試合内容や自分の活躍であまり覚えていることはないが、大学ラグビーの人気ぶりには驚いた。それまで満員のスタンドで試合をする機会はなかったが、早慶戦、国立競技場でやった早明戦、同じく国立での大学選手権決勝の慶應戦は、お客さんの声援がすごくて、ワクワクした。今でもそうだが、やっぱりお客さんが多いほうが燃えるし、いいプレーができる気がする。

たくさんの観客が詰めかけた国立で戦った明治大学には、同じ学年の田村優（横浜キヤノンイーグルス）がいた。周囲は「1年生スタンドオフ対決」と話題にしていたが、当時は優のことは知らなかった。國學院栃木で花園にも連続で出ていた選手をつかまえて失礼な話だが、「誰やねん」と思っていた。優はめっちゃいいヤツで、今は仲もいいけれど、1年生のときは急に比べられて、勝手にライバルと言われていたから、話したこともないのになんとなく苦手だった。

1年生のときは、ほとんどプレッシャーなく伸び伸びプレーできた。五郎丸さん、三井大祐さん（現・慶應義塾大ラグビー部ヘッドコーチ）のハーフ団をはじめとする上級生にも、「俺らがケツを拭くからミスを気にせず思い切っていけ」と言われていた。もちろん1年生なのでミスはしたが、それ以上に大胆に、自由にプレーできた。

五郎丸さんとの〝深夜の増量計画〟

入りは最悪だったけど、1年生のときの4年生のことはめっちゃ好きだった。特に五郎丸さんとは、〝茶髪事件〟の他にも個人的な思い出がある。

高校時代から「大型スタンドオフ」と言われ、サイズも魅力の一つという評価をもらっていたが、早稲田に入学した頃はまだまだ細かった。身長は185cmと今と数センチしか変わらないが、体重は80kgか81kgしかなかった。

「お前、体重をもっと増やせ」

五郎丸さんは、「増量計画を始めるぞ」と言った。

どうやって？　と思っていると、五郎丸さんは続けて「23時に食堂に降りてこい」とだけ言って去っていった。

上井草の寮では、23時が消灯時間になっていた。誰もいない食堂に降りていくと、五郎丸さんが待っていた。

「これを食え」

食堂のテーブルには、どんぶりに山盛りのご飯。さらにその上には3パック分の納豆と卵が3つのっていた。

関西人だから納豆は無理とかではなかったけど、晩ご飯をおなかいっぱい食べた数時間後の夜食にしては量が多すぎた。おなかはパンパンで、ゲップも納豆味。寝る前に大量にガムを口に放り込んで、苦しいままベッドになだれ込んだ。

これが2週間以上は続いた。五郎丸さんも毎日食堂に来て、マンツーマンでひたすら納豆ご飯をかき込む俺を見守ってくれていた。

「俺もこれでデカくなったからお前もやれ」

入学当初、五郎丸さんも体重が軽くて大学のフィジカルに慣れるのに苦労した。調べてもらったら、五郎丸さんの入学当時のサイズは184cm、81kgなので、俺の入学時とほぼ一緒だった。そこから、毎晩納豆ご飯を食べて体を大きくしていったのだという。

気持ち悪くなるくらい腹いっぱいでもう食えないとは思っていたが、五郎丸さんがデカくなった方法ならやろうかなと続けた。横に並んだ五郎丸さんは、バリデカい、厚みがある体つきで、身近で見ているとそれがプレーの強さになっているのがよくわかった。

まずは量を食べて胃袋を大きくする。筋肉とかよりまずは体重を増やす。そのやり方が科学的に正しいのかどうかはわからないが、深夜の山盛り納豆ご飯を続けて2週間もすると体重は88kgになっていた。五郎丸さんの増量計画は大成功だった。

急激に体重が増えると動きにくくなるという話も聞くが、そのときはまったくそんなことはなく、23時の納豆ご飯をやめた後も、体重は88kgをキープして落ちることはなかった。

勝つことへのこだわりを教えてくれた早稲田の先輩

早稲田に入って強く感じたのは、勝つことに対するこだわりだった。体をデカくするためにそこまでやる、それに付き合ってくれる五郎丸さんもそうだが、特に4年生の勝利への執念はすごいものがあった。

印象に残っているのが、フランカーの有田幸平さんのタックル。味方相手の練習で容赦なく頭からタックルをしてくる。普段は優しい先輩なのに、練習になるとヘッドキャップを目の近くまで深くかぶり、マジで頭から突っ込んでくる。今ではハイタックルの基準が変わっていて、脳震盪《のうしんとう》へのケアから頭から突っ込むようなタックルをする選手はほとんどいないが、あの頃は反則になることも少なかった。練習で有田さんの頭があごに入って、一瞬記憶が飛んだこともあった。

170cm台の小柄な有田さんが巨漢選手を次々タックルで仕留められたのは、あのアグレッシブさ、ネジが飛んでいるとしか思えない突進力あってのことだったのだろう。試合前のウォーミングアップで、額に自分の手で強くチョップして頭からタックルに行っても目をつぶらない練習を繰り返していた有田さんの姿は、狂気すら感じさせた。

「4年生がすべて」というのも早稲田独特で、それが4年生の「勝つことへのこだわり」につながっていた気がする。早稲田大学ラグビー蹴球部を象徴するものに、部歌の『荒ぶる』がある。大学選手権で優勝したときだけに歌われる特別な歌だということは、知っている人もいるだろう。実はこの『荒ぶる』、卒業後も優勝した代の4年生しか歌えないという伝統がある。

例えば、自分の場合、2007年、2008年の優勝メンバーだから、その際には『荒ぶる』を歌っている。しかし、自分たちが4年生で迎えた2010年の大学選手権では準優勝に終わったため、卒業後に『荒ぶる』は歌えない。

卒業後に『荒ぶる』を歌う場面には部員、同級生が集まる結婚式がある。五郎丸さんの代のメンバーは試合に出たかどうかは関係なく結婚式、冠婚葬祭で『荒ぶる』を歌うことができるが、俺たちの代は誰も歌えず、第一部歌の『北風』を歌うことになる。それだけに、自分たちが最上級生になったときの成績、結果へのこだわりは強くなるのだ。

「4年生至上主義」と聞くと、いわゆる体育会系の理不尽さを想像する人もいるかもしれないが、1年から試合に出ても伸び伸びプレーさせてもらったように、納得いかないようなイヤな思いはしたことはなかった。もちろん、〝茶髪事件〟のように自分に非があるときは別だ。

4年生のスタンドオフに佐藤王彬《きみあき》さんという人がいた。寮生でもなかったし、おそらく一般入部の選手で、Eチームに所属していた。ポジション練習ではAチームもEチームも関係なくポジションが同じもの同士で一緒に練習をするのだが、佐藤さんは、Aチームで試合に出ている俺に「パスはこうやったほうがいいよ」とアドバイスをしてくれた。

花園を制して鳴り物で入ってきたやんちゃな1年にしてみれば、「誰が言ってんねん」と反発すると思うかもしれないが、俺は素直に「すごいな」と思った。レギュラーとか、Aチームとかじゃなくて、4年生は自分たちのチームを強くするために後輩に言うべきことは言う。プレーでの序列に関係なく、思ったことはしっかり言うし、先輩から後輩へ早稲田のDNAみたいなものを引き継ぐため、そしてチームの勝利のためにできることを全力でやる。それができる佐藤さんはすごいと思ったし、それが早稲田の良さ、伝統的な強さにつながっているんだとわかった。だから、佐藤さんのアドバイスは妙に記憶に残っているし、早稲田でラグビーをやるうえで大切なことを教えられた気がした。

U－20日本代表での苦い記憶

2年生で記憶に残っているのは、U－20日本代表での苦い記憶だ。この年から始まった20歳以下の世界選手権（IRBジュニアワールドチャンピオンシップ）の代表に選ばれた。ウェールズでの大会に合わせての合宿のため、春からこのチームで活動していた。

U－20日本代表では、高校日本代表で一緒だったメンバーも多く、俺はバックスリーダーとしての役割を期待されていた。当然バックスコーチもリーダーである俺とコミュニケーションを取ろうと、個別に呼び出される回数も増えてくる。当たり前といえば当たり前だが、毎回プレーについて説明されるのが苦痛だった。自分が納得できるような指示ならいいのだが、コーチの言うことがイマイチ納得できない。〝一人2連覇〟を達成して大学でも活躍できたことでまた調子に乗っていたのかもしれないが、「僕はこう思いますけどね」とか「この選手がこうやらないとそうはならないんじゃないですか?」とか反論していた。

自分の意見を言っているのだから、悪いことをしているつもりはまったくなかったが、バックスコーチにしたら「口答えをされた」と感じたのかもしれない。薫田真広《くんだまさひろ》監督に呼び出され、「リーダーなんだからもうちょっとしっかり取り組んだほうがいいんじゃないか?」と注意を受けた。プレーで手を抜いたり、チームの方針に逆らって勝手なプレーをしたつもりはなかったが、「反発している」と取られたのかもしれない。

たしかに「よく知らんバックスコーチより、自分のほうがラグビーわかってる。自分が正しい」という傲慢《ごうまん》な考えがあったのは事実だった。自分の意見を言うなら、相手の意見、考えもしっかり聞いて、まずはやってみることも必要だと今ならわかるが、当時は自分の意見のほうが正しいという考えに囚《とら》われて、生意気な態度を取っていたと思う。

迎えた大会の初戦、フランス戦ではスタメン出場したものの前半40分で交代。その後はリザーブに回ることになった。

初戦はたしかに調子が悪くて、キックも決められない場面もあり不甲斐ない出来だった。それでも、他のメンバーよりやれる自信はあったし、バックスリーダーと言われていたのにリザーブは違うやろという憤り、悔しさもあった。

どのタイミングだったかは忘れたが、自分の何が悪いのかを聞きたくて監督の薫田さんの部屋を訪ねた。ドアをノックしても反応がない。鍵穴から覗《のぞ》くと人が近づいてきた気配はする。もう一回ノックをしてみたが、ドアが開くことはなかった。

「うわっ俺、避けられてるやん」

薫田さんが部屋にいたのかどうか、実際のところはわからない。そのときの俺は「薫田さん、俺のことめっちゃ嫌ってるやん。もう無理やな」と、諦めムードになったことはたしかだ。

結局、そのときのU－20日本代表は最終戦のアメリカ戦に勝ち、15位で大会を終えた。

「苦い記憶」はその次の日にやってきた。忘れもしない6月22日。その日は俺の誕生日で、ラグビーの代表期間中は選手の誕生日を祝う習慣がある。このチームの活動中も誕生日を迎えた選手が祝ってもらっていたので、当然自分の誕生日もお祝いされると思っていた。

「食事の後にケーキが出てくるのかな?」

知らん顔をしながら実はいつ来るか期待して待っていたケーキは、結局食事が終わってホテルに戻る時間になっても出てくることはなかった。

一緒に選ばれていたカンゾーや関東学院の大島修平、笹倉康誉《やすたか》なんかが「俺らが祝うわ」とホテルでお祝いしてくれたのはうれしかったけど、チームに無視されたような気がして腹が立つより悲しかった。単にスケジュール的な問題とか、準備を忘れていたとか別の理由があるのかもしれないが、自分の誕生日だけ無視された事実はかなりキツかった。

寄せ集めで、十分な練習時間が取れない代表チームでは、ある程度トップダウンで戦術を浸透させる必要がある。当時の自分は、自信がありすぎて、協調性がなかった。高校で好き勝手やって、大学でも先輩に自由にプレーさせてもらって、いずれも結果につながっていたから、規律を強く打ち出したラグビーの経験がなかった。そのときは気づくことができなかったが、あの経験で悔しさとともにコミュニケーションの大切さを学べたのかもしれない。

とはいえ、この出来事は早稲田に戻ってからも、しばらく引きずった。落ち込んで調子を落とすというより、「見返してやる」「俺を使ったほうがいいと証明してやる」という反撃モードに入っていた。対戦相手にU－20の選手がいようものなら、めっちゃ気合いを入れて向かっていった。自分と入れ代わりでスタンドオフに入った選手との対戦では、トライを挙げて「うぉー！」と叫んでいたのを覚えている。

この年も早稲田は『荒ぶる』を歌っている。豊田将万《まさかず》主将（現・ルリーロ福岡ヘッドコーチ）、小峰《おみね》徹也さん（元NTTコミュニケーションズシャイニングアークス）、長尾岳人さん（元東京ガス）、瀧澤直《すなお》さん（NECグリーンロケッツ東葛）がいて、前年の4年生に続いていい選手が多くて、優勝して当然という空気はあった。

ほろ苦い代表初選出

3年生になると、いよいよ日本代表に呼ばれることになる。カナダ代表を迎えた親善試合のための合宿に参加して、セレクションマッチ後に初めての代表入りを果たした。同期では、東海大に進んでいた木津武士、同じく東海大のリーチも選ばれていた。結局、2試合行われたカナダ戦には出場することはなかったが、合宿のときも「お客さん気分」で、思うようなプレーはできなかった。

初代表の印象は「怖い」。選ばれたポジションがスタンドオフだったので、最年少なのにサインを出してチームを動かさなければいけなかった。

主将は、菊谷崇《たかし》さん（元トヨタ自動車ヴェルブリッツほか）で当時は29歳。最年長は大野均《ひとし》さん（元東芝ブレイブルーパス）と、小野澤宏時さん（元サントリーサンゴリアスほか）の31歳。大学3年生からしたら、大人以外の何者でもない大先輩だった。しかもスタンドオフは、当時はニューポート・グウェント・ドラゴンズ（ウェールズ）に在籍していたジェームス・アレジと、ショーン・ウェブ（元コカ・コーラウエストレッドスパークスほか）の外国人二人と俺という構成。フルバックに五郎丸さんがいたとはいえ、場違いな感じは拭えなかった。

中学生のとき、土井監督に「日本代表にしたる」と言われたときは、想像もしていなかったが、その瞬間は思ったより早くやって来た。選ばれたときはびっくりしたが、感動的かといえばそうでもない。U－20日本代表での挫折で代表恐怖症になっていたこともあり、当時は日本代表でうまくやっていく準備ができていなかったということだろう。合宿には参加したが、結果的に試合に出場するメンバーからは漏れたこともあって、ジャパンは「怖いところ」というイメージだけが残った。

ジャパン効果で無双状態に

代表から早稲田に戻ると、大先輩に囲まれて縮こまっていたのがウソのように、自信満々でプレーできた。

「俺は日本代表やで。大学レベルなんて余裕」と肩で風を切っていた。

当時、日本代表の監督を務めていた90m独走トライの伝説を持つジョン・カーワンは、2007年ワールドカップの1分3敗という戦績を受けて、低酸素マスク（ATS）を導入したり、体力強化に取り組んでいた。合宿中の筋トレも半端じゃなかったから、体重も勝手に増えていて、もう大学生は誰も俺のこと止められないんちゃうか？　と思っていた。

実際に合宿から戻ってすぐの早慶戦では、リザーブからのスタートながら後半21分に出場すると、ほぼすべてのプレーでキャリーしてトライも挙げた。本当にパスをしたのは1回くらい。入ったときは13対20で負けていたのが、20対20に追いつくことができた。その前の年まで大学選手権を連覇していたわけだから、対抗戦での引き分けは正直厳しかったし、1学年上の4年生の中には泣いている人もいた。

実は最近、たまたまこの試合の映像を見ることがあった。当時の実感としては、代表から戻って「誰にも負けない」という気持ちがものすごく強く出ていて、行けるところは全部行ってやろうと思って、実際に行けたイメージだった。トライを決めたときは「やっぱり山中だ」という雰囲気になったし、俺も「見たか！」くらいに思っていた。

ところが、今見返すと全然良くない。こんなスタンドオフは絶対イヤだし、自分のプレーながら「こいつ全部行くやん」と声に出してしまった。しかも行く割にはミスも多くて、正直な感想は、「なんやこれ？」だった。

ただし、戦う気持ちは前面に出ていたし、この年齢になったからこそわかる〝自分らしさ〟がすごく出ていて、面白くはあった。

結局、2009年の早稲田は年を越すことができず、12月27日の大学選手権2回戦で帝京大学に敗れてしまった。帝京大学はこの年、大学選手権初優勝を飾り、名実ともに強豪の仲間入りをすることになる。

4年生を勝たせられなかった不甲斐なさと、自分自身もいいプレーができなかった悔しさで、試合後に涙したのを覚えている。大学では無双するつもりが、試合途中で交代を命じられ、1年生のスタンドオフ、吉井耕平（元近鉄ライナーズ）と代わることになったのも悔しかった。たぶん今見れば、自分のプレーが全然ダメで代えられたのだろう。単独でも前進しようとする俺よりも、小柄ながら安定感のある吉井を入れることで、リズムを変えたかったという意図も理解はできる。でも、そのときは「俺のプレーで流れを変えてやる」と、意気込んで、そのための準備をしていたので、「何で俺を信じて最後まで使ってくれないいんだ？」という思いが強かった。

何でも言い合える中竹流マネジメント

ちなみに、1年生から3年生までの監督は、中竹竜二さん。学生主体、フォア・ザ・4年生の早稲田の特徴については前にも説明したが、中竹さんは特に「選手に任せる」タイプの監督だった。俺が1年生のときは、中竹さんがあまりにも何も言わないから、4年生から「本当に大丈夫か？」という声が聞こえてきたほどだ。

1年生のときの練習中、中竹さんに「オフサイド」と言われて異議を唱えたことがあった。

「オフサイドちゃうやろ。どこ見てんねん」

大学ラグビーについて行くのに必死だった面もあるから大目に見てほしいが、1年生がとる態度ではないし、何年生でもダメやとは思う。

これを見ていた当時3年生の豊田さんに「お前、誰に向かってどんな口を利いてんのや!」とめっちゃ怒られた。入学当初、五郎丸さんの洗礼を浴びていたこともあり、「九州の男は怖すぎる」と、ただ謝るばかりだった。でも心の中では、「俺は間違っていない、オフサイドじゃなかった」とは思っていた。

大学に入るまでは、自分が全部正しいと思って生きてきた。自分でも〝ジコチュー〟だとは思っていたが、それでなんとかなっていた。結局は、中学でも高校でも、周囲のみんなが合わせてくれていただけで、大学ではそれが通用しなくなっただけのことだった。五郎丸さんにしても、豊田さんにしても、それまで自分にそんなふうに怒るチームメイトはいなかったから、「ちょっと変わっていかなあかんのかな?」と感じたのを覚えている。

中竹さんの話に戻ると、その後の活躍を見てもわかるように、「任せる」と言ってもただ放任していたわけではなかった。全部員、全スタッフと個別で面談をして意見を聞いた監督は、長いキャリアの中でも中竹さんだけ。一方的に教えるティーチングではなく、選手を導くコーチングを徹底するスタイルは早稲田に合っていたと思う。

中竹流とは対照的な辻監督の就任

ついに迎えた最終学年。監督は辻高志さんに代わった。辻さんどうこうではなく、4年生のときに監督が代わるのはかなりのリスク。やるラグビーも大きく変わるだろうし、それに合わせる時間も当然必要になる。クラブチームだったら1年目は変化のために費やしてもいいかもしれないが、大学ラグビーは1年1年が勝負。4年生にとっては1分1秒もムダな時間はない。

4年生主体の話し合いの結果、監督交代には反対で意見がまとまった。メディアでも報道されたが、送別試合を終えても監督は未定のまま。みんなで話し合ってOB会にも「監督を代えないでほしい」と直談判したが、結果は変わらなかった。

辻さんにしてみれば、これから指導する学生に面と向かってNOを突きつけられたわけでめっちゃやりにくかったと思う。それでもブレずに「俺がやる」という姿勢だったから、気合いはすごかった。

当時の辻さんは、2008年に現役を引退したばかりのバリバリの状態。2009年に二軍のコーチを務めていたものの、167㎝と小柄な体で外国人相手にも臆せず低いタックルを突き刺し、体を張る現役時代のスタイルから、やるラグビーがガラリと変わるのは予想できた。

周囲の意見を聞いて、学生に任せる中竹さんと、現役に感覚が近く、ハードワークを求める辻さん。これだけイヤだって言われているのに、それでもやるって言い切れるのは逆にすごいなとは思っていた。

辻さんの目指すラグビーは予想した通りで、2010年はチーム立ち上げからとにかく走った。走るのとタックルが主なトレーニングで、体重も98㎏から92㎏に落ちていた。

練習中に笑顔で話していると、「ヘラヘラすんな!」と怒られ、名指しで「ちょっと来い!」と、個別で呼び出されることもあった。

4年生になった〝最強世代〟の集大成になるはずの2010年のシーズンは、対抗戦では帝京を33対14で下して優勝したものの、早慶戦で8対10で負けている。このときの敗因の一つに、インゴールのトライを片手で取りに行って落とすという基本的なミスがあった。俺も含めて何人かこのミスをしたこともあり、次の日からは辻さんの指令で、ひたすらインゴールの練習をすることになった。

「両手でトライ、必ず両手で！　丁寧に！」

辻さんの声が響く中、両手でトライを何百回も繰り返した。実際、俺が丁寧に両手でボールを置きにいっていれば、その時点で慶應に引導を渡せたという場面はあった。反省する気持ちがあったので、両手でのトライ練習はいつもにも増して真剣にやった。自分が手を抜いたりいい加減にやっていたら後輩に示しがつかないという気持ちもあった。

不思議なもので、それ以降はプロになった今でもよほどの余裕がない限り片手でトライすることはなくなった。

そもそもトライの練習自体がだいぶ異例だとは思うが、辻さんの実直さ、まっすぐなラグビー愛には感じるものがあった。あのときに辻さんに言われたこと、両手でインゴールトライを繰り返した経験は確実に自分の体に染みついている。

負けた気がしなかった最後の大学選手権決勝

大学選手権は、帝京大学との決勝だった。ボールを動かしたい早稲田と、ボールを保持したまま時計の針を進めたい帝京。ボールを持って無理に攻めず、フォワードもスローなプレーに終始してペナルティを誘う帝京のラグビーに当時は「こんなラグビーして楽しいんか？」と思っていた。ラストを優勝で飾ろうと意気込んで勢いよくフィールドに出てきた俺たちにはフラストレーションの溜まる展開だった。

ブレイクダウンでプレッシャーをかけたとき、レフェリーに「ここでプレッシャーはかけないで」と言われたことも不満だった。当時のルールでは認められていたことだから仕方ないが、ボールを停滞させる目的でモールをつくってピックしたら、ラックからまたモールをつくる。戦っていても戦っていないような肩透かし感のある戦術に見事にはめられた。

結果は12対17での敗戦。試合展開がそのままスコアに表れた試合だった。負けた気はしなかったが、結果は結果。これで俺たちの代は『荒ぶる』を歌う権利を永遠に失ってしまった。

優勝したら同じポジションの4年生、吾郎と（松井）一樹、二人の名前とともに背中に10番って書いた白ジャージを着て、「お前らがいたから優勝できた。お前らの分も俺が試合に出て優勝した」とやろうと思っていた。試合が始まってしまえばいつものようにベストを尽くすだけだが、同じポジションでがんばってきた、この試合に出たくても出られない同期のために！　という思いは強かった。

当時は、優勝する前から3人の名前を書いたジャージを用意していたのがあかんかったのかと真剣に悩んだ。

謙虚になれた早稲田での4年間

大学での4年間は、いろいろなことを経験できたいい4年間だった。満員の秩父宮、国立、20歳になって、お酒も飲んで、東京で大人の仲間入りをした気持ちがあった。1年生のときは大阪に帰りたくて仕方なくて、週末の休みが2日あればカンゾーと新幹線で帰っていたが、3年生になる頃には、長期シーズンオフの帰省のタイミング以外で帰ることはほとんどなくなっていた。

3年生で日本代表に呼ばれて、4年生の5月にはHSBCアジア五カ国対抗2010のアラビアンガルフ戦で初キャップを獲得することができた。早稲田でラグビーができて良かったし、ラグビーに関しては「こうしておけば良かった」とは思わない。

ただ、学生生活については、もっと勉強しておけば良かったとは思う。正直、授業よりもラグビーを優先していて、単位は本当にギリギリ。この歳になると、学びたくても学ぶ場がない。今考えれば、早稲田大学という恵まれた環境で、自分が興味さえ持てば何でも学べる状態だったのは贅沢《ぜいたく》だったと思う。

もう一つ、卒業式に出られなかったことは残念だった。2011年は、東日本大震災のため卒業式自体が行われなかった。高校の卒業式にも出席できなかったので、卒業式には縁がないのかなと思った。

自信過剰で伸びきった〝天狗の鼻〟を折られることもなく、〝お山の大将〟のまま大学生になった俺が、すごい先輩やみんなの努力に触れ、チームで戦うことの意味を知り、少しずつ謙虚になっていく過程を経験できたのは、今につながる大きな財産になっている。

卒業、そして神戸製鋼へ

大学卒業後の進路については、中竹さんの前に早稲田を率いていた清宮克幸さんがいるヤマハと、神戸製鋼で迷った。ヤマハには五郎丸さんもいたし、チームのカラー的にもやりやすいだろうなとは思っていた。最終的には木津、前川、中川昌彦の仰星メンバー、カンゾー、早稲田の田邊さんと、仲の良かった人らが行く神戸製鋼に決めた。

現在のコベルコ神戸スティーラーズは、1928年に神戸製鋼ラグビー部として創部。

1980年代から90年代にかけて7連覇を達成した日本ラグビー界の名門だ。俺たちが入部した2011－2012シーズンは、7連覇の立役者、平尾誠二さんがゼネラルマネージャー兼総監督を務めていた。入部前に平尾さんと話をさせてもらって、「この人かっこええな」と思ったことが神戸に入る決心を後押しした。

入部してすぐ、新たに加わった選手が全員の前で自己紹介をすることになった。

「早稲田から来ました山中です。山ちゃんと呼んでください！」

デカい声で元気よくあいさつをしたが、先輩たちの反応は薄かった。

「なんでこんな反応薄いんやろ？」と不思議だったが、後から代表合宿で一緒になった谷口到《いたる》さんに「あれはヤバかった。みんなすごい顔していた」と言われた。当時の神戸製鋼は、強面の選手も多くて、年代的にもベテランが多かった。体育会系の雰囲気が色濃く残っているところに、「学生ノリで調子に乗ったヤツが入ってきた」とでも思われたのかもしれない。特に誰かに何かを言われたわけではないが、手放しで歓迎されていないことはたしかだった。

生意気で調子に乗ったルーキーが出だしでつまずいて、その後どうなったのか？ 実は、この話には続きがない。次に俺が神戸製鋼のグラウンドに戻って来るのに2年の月日を要することになったからだ。

JADAからの突然の電話

２０１１年のシーズンは、日本代表合宿で幕を開けた。神戸製鋼で入団のあいさつをした直後に宮崎へ。宮崎から香港に移動し、ちょうど1年前、俺自身が代表初キャップを獲得したHSBCアジア五カ国対抗を戦う予定だった。

五カ国対抗の初戦、4月30日の香港戦ではリザーブ入りしていた。試合の2日か3日前、突然ホテルに俺宛ての電話がかかってきた。

「誰やろ?」

聞けばJADA（日本アンチ・ドーピング機構）からだという。

「ドーピング検査で陽性が出ています」

電話の声の主は事務的にそう言った。

「んなわけないやろ」とまったく心当たりがなかったので、「何の成分が出ているんですか?」と質問すると、ステロイドだという。

「それはどんな効果があるんですか?」

「筋肉量を増やしたり、体を大きくするために使われます」

「いや、そんなの使った覚えないです。どうやって取り入れるんですか？」

担当者は、注射やサプリメントが主な接種方法だと説明してくれた。まったく覚えがないので「絶対にしていません」を繰り返したが、とにかく一度帰国するようにとのことだった。

たしかに宮崎合宿中の4月9日にドーピング検査を受けていた。このドーピング検査は、アスリートならほぼみんなが経験していると思うが、不定期、ランダムに何人かが検査されるのが当たり前だ。ドーピングや禁止薬物についてはそれほど詳しいわけではなかったが、風邪薬や漢方薬で「うっかりドーピング」に引っかかる事例もあるとか、サプリメントに気をつけたほうがいいとか、アスリートなら知っておくべき情報は知っていたし、普段から余計なものを飲んだり接種しないように気をつけてはいた。

「絶対にしていませんし、第一僕、ガリガリですよ？」

そう言って電話を終えた。

電話を切った後になって、自分基準でガリガリとはいえ、体重92kgのラガーマンがガリガリというのもおかしな話だし、「ガリガリなヤツこそやるんちゃう？」と思い直して余計なこと言ったかもと思った。

電話が来たのは食事の前だったから、とりあえず選手が集まっている食堂に行って「ドーピング、陽性反応って言われたんですけど」とだけ伝えた。

選手たちは「マジ？　何それ？」「そんなんやってないでしょ？」という反応だった。

「とりあえず一回帰って来いって言われてて」

神戸から一緒に来ていた谷口さんが、「じゃあ2週間後にまた合流か」と言ってくれた。五カ国対抗は5月21日のスリランカ戦まで続く。香港からバンコク、ドバイ、スリランカに遠征予定だったので、この時点では、ちゃんと説明して無実が証明されれば、どこかでまた合流できると思っていた。

選手たちの輪を離れて、今度は日本代表に帯同しているドクターのところに行った。

「ステロイドだって。何もしてないのに出るような成分じゃないんだよな」

ステロイドが何かもよくわかっていなかったから、とにかく何もしていないというのが精いっぱいだったが、ドクターは「何かあるはずだ」と言う。

「ステロイドってなんなんですか？」

そう聞くと、詳しい説明の内容はわからなかったが、途中に出てきた「男性ホルモン」

という言葉に引っかかった。

「あ、そういえばヒゲを濃くするためのやつは使っています」

ドクターは「それだ！」と、すぐにそれを持ってくるように言われた。

「ここに書いてあるじゃん」

パッケージの成分表に何やら見慣れない横文字が並んでいた。これを読んでもそれがステロイドなのかどうかはわからなかった。

そもそも「口ヒゲが生えない」と知り合いに相談したときに、薬局で普通に買えるヤツで生えるようになるよと教えてもらって塗っていたもので、薬という認識もなかった。

「これ、いつ頃塗ったの？」

宮崎合宿中の後は寝るだけ、まだ本格的な練習に入る前だった4月の5、6、7日に塗って寝た覚えがあった。8日は塗っていなかったが、ドーピング検査をしたのが9日だった。

やってもいないのに、帰国するのもどうなん？　と思っていたが、ＪＡＤＡから正式に連絡があったことはどうやら大ごとらしく、本当に帰国することになった。

カーワン監督とも話して「メンバー構想に入っていたのに残念だ。これから日本代表を背負っていく選手だから、帰ってからがんばってくれ」と言われた。この時点でも、カーワン監督の深刻そうな顔に自分の気持ちが追いついていなかった。

帰国すると、伊丹空港に平尾さんとチームマネージャーの藤高之さん、そしておかんが待っていた。平尾さんも藤さんも深刻な顔をしていた。連れて行ってもらった空港の寿司屋さんで、平尾さんから聞いた話は想像より重い話だった。

「お前がやっていないのはわかっているけど、こういう場合でもドーピング検査に引っかかると、2年は出場停止になるかもしれない」

横で聞いていたおかんも「えっ?」と驚いていた。

この期に及んでも、「何も悪いことはしていない」という気持ちは変わらず、「ヒゲを生やすためのクリームを塗っただけで2年間の出場停止ってバカらしすぎるやろ」とまで思っていた。

早い話が、周りの大人たちの深刻度を見てもまだ余裕をぶっこいていた。とにかくおなかが減っていたから、おかんがあきれたように「よう食えんな……」とつぶやいていた横でお寿司をバクバク食べていた。

裁定を待つ実家での3カ月

結果が出ないと処分も決まらないし、復帰もできない。自分から何もできなくなった5月からは実家で待機することになった。実家にいる間、「さすがに2年はヤバいよな」と不安になってきた。

この間に禁止薬物の使用を認めなかった場合に請求できる、B検体の検査が行われた。A検体と同じ4月9日に採取したサンプルを使って検査するのだが、ここでもほんのわずかだがA検体と同じ禁止薬物が検出されたという。検出された以上、量は関係ない。理不尽だとは思ったが、2年の出場停止が現実的になってきた。

最終的には、秩父宮クラブハウス内にあったラグビー協会に行って、オンラインでIRB（国際ラグビー機構）の聞き取り調査を受けることになった。

結果が出るのは8月。何もすることなく実家で過ごしていると、不安が押し寄せてきた。このとき助けてくれたのが、中学や高校で部活が終わってから毎日のように公園で集まっていた地元の仲間たちだった。たまたま浪人、就活中などの理由で時間がある連中が三、四人いて、毎日のように外に連れ出してくれた。公園で野球したり、ボウリングに行ったり、とりあえず体は動かしておこうと河川敷を走るのに付き合ってくれた友達もいた。

小学生が遊んでいる横で、割と本気でワーワー言いながら野球している3人の23歳は、我ながらヤバい画だったと思う。公園でバカスカ打って、ボールをかっ飛ばしている大男を見て、となりのグラウンドで草野球をしていた人たちにスカウトされそうになったこともあった。

実家にいる3カ月、もしあの時間がなかったら、気持ちがふさぎ込んでおかしくなっていたかもしれない。持つべきものは友達だとそのとき心から思った。

2年の資格停止と退部、新入社員に

8月に入ってすぐ、運命の日はやって来た。そのときはもう出場停止は覚悟していて、なんとか1年くらいにならんかなという気持ちだった。

IRBの決定を聞くため、再び秩父宮のラグビー協会に一人で向かった。

「2年です」

IRBはドーピング目的で使用したものではないことは認めてくれたが、違反者に定められている2年間の資格停止処分を軽減する理由はないという結論を下した。

資格停止期間は、ホテルで禁止薬物検出を伝えられた日から2年後の２０１３年４月27日まで。東京駅に向かうタクシーの中で「終わった」と一人泣いた。タクシーを降りてからどうやって帰ってきたか、実家への帰り道はどんな気持ちだったかはまったく記憶がない。目の前が真っ暗になるというが、まさにそんな感じ。２０１３年４月が先すぎて、しばらくは何も考えられそうになかった。

４月から神戸製鋼所属になっていたわけだから、このままというわけにはいかなかった。日本協会から正式に発表になる前に、平尾さんと会って今後のことについて話した。

「お前は絶対に未来があるから、この２年は我慢をして、しっかりやっていけばいいんじゃないか」

平尾さんの提案は、プロで入っているけれど、社員に戻って停止期間を過ごして、２年後に再びラグビーをやればいいというものだった。ありがたい言葉だし、入ったばかりのプロ契約の選手が、社員として入社させてもらえるなんて前代未聞だろう。

平尾さんと話す前は、例えばリーグラグビーとか、何とか他の環境でラグビーを続ける選択肢はないかと考えていた。リーグラグビーで２年間、スーパーリーグかオーストラリアでプレーして、また戻ってくればラグビーの感覚を失わずプレーも続けられるんじゃないか？　平尾さんにもその考えを話したが、事件の時効のように海外でリーグラグビーをプレーしている間は資格停止期間が止まり、たとえ2年リーグラグビーをやっても、そこからまた2年は出場停止になるという説明を受けた。

いっそのこと、ラグビー関係なく留学でもしようかなと思ったが会社にも迷惑をかけているし、退部して社員になることで話がまとまった。

8月9日付けでラグビー部を退部。翌日の10日には、日本協会から資格停止処分が正式に発表された。春から代表合宿に行ってしまったため、神戸製鋼コベルコスティーラーズの一員として活動したのは、「山ちゃんと呼んでください」でひんしゅくを買ったあのときくらい。その年の9月からは、神戸製鋼総務部の新入社員としての生活が始まった。

それまでバイトすらしたことがなかったから、最初は戸惑うことだらけだった。配属先の総務部では、2年後に完成する本社新社屋のプロジェクトに入って、エントランスに掲示する「神戸製鋼の歴史・沿革」の写真を選んだり、文言を考えたりもした。新社屋のロッカーはここ、デスクはここに置いて、通路の幅は何ミリでみたいなレイアウトも総務部が担当していたからそういうこともやった。日々の業務で雑用的なこともやった。

仕事をしてトレーニングをする毎日

パソコンは大学時代に普通に使っていたから困ることはなかったが、電話は苦手だった。緊急の新入社員だから、新人研修も受けていなくて、そもそもビジネスマナーがわかっていない。電話を取っても「なんて言えばいいんやろ?」という状態だった。

ここまで読んでくれた人のイメージを壊すようで悪いが、仕事はちゃんとやっていた。

9時から17時30分まで仕事をして、定時になったらすぐにパソコンをパタンと閉じて、17時37分の電車に乗って途中でおにぎりを食べて、一般のトレーニングジムでトレーニングをしていた。当時は本社に社員食堂がなく、弁当では量が足りなかったので、近くのサイゼリヤに行って食べていた。その甲斐あって、体はしっかりとキープできていた。

この期間はほぼ遊びに行くこともなく、21時頃までトレーニングしたら、寮に帰って寝る規則正しい生活を送っていた。

資格停止期間中は、ラグビーに関わることが許されなかった。グラウンドはもちろん、クラブハウスも含めてラグビー部の施設は使用禁止。当然ジムも使えず、ラグビー部の活動時間に選手やスタッフに関わるのさえ控えるようにしていた。

禁止されなくても、自分からラグビーに積極的に関わりたいとも思っていなかった。どうせできないし、下手に触れるとラグビーが遠くに感じてしまいそうで、テレビですら試合を見ることはなかった。

この期間も、抜き打ちでドーピング検査があった。国際大会やオリンピックに出るようなアスリートは、1時間ごとに自分がどこにいるか報告する必要がある。報告した場所に合わせてＪＡＤＡの検査員がやってくる。だいたい早朝に来ることが多くて、朝の6時頃に寮長が「来たよ」と部屋に来て、尿を採取して帰っていく。痛くもない腹を探られているようでイヤな気持ちはあったが、アスリートなら誰でもやらなければいけない義務でもある。気にしないようにしていたが、ストレスで急性胃腸炎になって会社を休んだりしたから、ラグビーから離れたことで、本来持っていた繊細な部分が出たのかもしれない。

体力維持のためのトレーニングと同級生の支え

2年後に復帰すると決めてはいたが、これまで大きなケガや不調期間もなくずっとその世代のトップでプレーしてきた。2年もブランクがあって大丈夫なのかという不安は付きまとった。周囲からも「山中は戻ってこれないんじゃ？」「戻ってきてもトップレベルでやるのは難しい」という見方はあったと思う。でも何もせずに2年を過ごしたらそのまま消えていくことは、俺が一番わかっていた。

ラグビーボールに触ることさえ注意されそうな雰囲気の中で、どうやって体力を維持するか。毎日欠かさずトレーニングをしていたのは、何かしていないと不安になるというのが大きかった。自己流やジムのトレーナーに聞きかじったメニューをこなすだけでは不十分なこともわかっていた。

そこでラグビー選手を始め、日本のトップアスリートが肉体改造、身体能力強化のために足を運んでいるジム、竹田塾（ピークパフォーマンスラボラトリー）に通うことにした。主宰の竹田和正さんは、大型のマシンを使わず、自重を活用しながら筋力やアジリティー、バランスといったアスリートに必要な能力を向上させる独自の理論で数々の実績を残していた。

竹田塾は神奈川にある。会社員として働いている以上、行くとしたら週末になる。プロ契約を解除されて、総務部の社員としての給与しかもらっていなかったから、毎週末通うには金銭的余裕がなかった。2週間に1回、土曜と日曜に神戸から通うことに決めた。

問題は宿泊先だ。2週に1度とはいえ、毎回ホテルに泊まるのもキツい。東京で一人暮らしをしてるヤツがいれば、泊めてくれないかな？　と、考えてすぐに頭に浮かんだのが、早稲田大学ラグビー部の同期、井村達朗だった。当時目白《めじろ》で一人暮らしをしていた井村に、「2週に1回行くからよろしく」とお願いして、本当に停止期間ずっと2週間に1回泊めてもらった。鍵の置き場所を教えてもらっていたので、井村がいなくても勝手に入って部屋を使わせてもらうこともあった。俺の事情や状況もわかっているし、実は繊細な性格も理解してくれていた。1年半くらいだったと思うが、面と向かって資格停止を話題にすることはなく、トレーニング前後に遊びに連れ出してくれたり、あいつなりに気を遣ってくれていたんだと思う。

あるとき、井村の部屋でメモ書きみたいな紙を見つけたことがあった。なんとなく目に入ったので、気になって何が書いてあるか見ると「山ちゃんを絶対に日本代表に戻す。そのために俺は協力する」という内容のことが書いてあった。

口には出さないけど、そんな決意を持って協力してくれたんだと思うとうれしかった。井村なりの決意表明だったのかもしれないが、何か見てはいけないものを見てしまったような、気恥ずかしいような、井村のためにもがんばらないとと思えた。

結果として、2週間に1度東京に行くことが気分転換になっていた。しっかりトレーニングもするので、遊んでしまった罪悪感もなかった。復帰に向けてのモチベーションを保つうえで、あの時間と井村はなくてはならない存在だった。

どんなときもかっこいい平尾誠二さんの励まし

会社では順調に〝総務部の山中〟として仕事をこなしていたが、ふとした瞬間に「俺は何をやってるんだ」と焦ることはあった。そんなとき、絶妙のタイミングで顔を見せてくれたのが、平尾さんだった。

「どうや山中、いまからランチ食いにいこうか？」

昼メシを食べながら、ラグビーの話をするわけでもなく「どうや、最近は調子どうや？」とさりげなく聞いてくれる。気にかけてくれていることがうれしかった。

たまに夜の街にも連れ出してくれた。平尾さんはどんなときでもとにかく大人でかっこいい。何がと聞かれると困るけど、存在そのものがかっこ良かった。別れ際にはいつも「我慢やぞ」と、励ましてくれた。

柄にもなく始めて、2年だけ続けた日記

時間ができたことで、それまでやったことがなかったことに取り組んだのもこの期間だった。

吾郎に、「なんかいい本ない？　ためになりそうな本」とリクエストして、それまで教科書すらまともに読んだこともなかったのに読書を始めた。

実家で待機している3カ月間は、簿記にも取り組んだ。テキストを買って独学でまずは3級に受かる気満々だった。8月に2年間資格停止の処分と会社に残ることが確定した瞬間に、「いや今そんなことしてる暇ないな」と、すぐにやめたが、3カ月の勉強だけでもかなり手応えがあったから、3級は余裕で取れていたはずだ。

何かにつながるかなと思って始めたのは、日記をつけることだった。

資格停止でラグビーができない時期がつらい時間になるのはわかりきっていた。それを記録しておけば、その先どんなつらいことがあっても乗り切れるんじゃないかとつけ始めた。

「ラグビーしかないのに」

「なんでこんなことに」

去年、なんとなく夫婦でこの日記を読み返してみたら、奥さんが「ええっ、ヤバいなぁ」と声に出すくらいネガティブなことしか書いていなかったが、最後の方は「今日何があった」「こんなことをした」という普通の日記になっていた。2年間は毎日書いていたが、資格停止処分が明けた瞬間に書くのをやめた。

結婚と長男誕生、ラグビーへの思いを新たに

資格停止期間を支えてくれた人への感謝は絶えないが、この期間に増えた家族にも支えられた。2012年には大学2年生から遠距離恋愛をしていた彼女と結婚。実は奥さんは、同じスイミングスクールに通っていた縁があった。

翌2013年の2月には長男が生まれる。要するに〝授かり婚〟で、「何も資格停止処分中に結婚しなくても」という世間の見方もあったが、もともと結婚するつもりでいたし、後はタイミングという感じだったので、自分たちの中では自然な流れだった。

ただ社業に専念している間は、手取りにしたら10万円台の薄給生活だったので、家族を養っていくという面では、自分たちでも「もうちょっと待ってよ」という思いはあった。

貯金を切り崩しながらなんとか生活していたが、奥さんと子どものためにもしっかり準備して、復帰後にはラグビーで当面の生活に心配のないお金をもらえるようにならないといけないという思いは強くなった。

奥さんはといえば、2年の資格停止が決まったときもそうだったのだが、励ましてくれるとか気を遣ってくれるというより、普段通り、いつものように接してくれるのがありがたかった。資格停止になっても俺自身は何も変わっていないのに、そのタイミングで離れていく人も中にはいた。心配してくれた友人には感謝しかないが、腫れ物に触るようにして気を遣われるのも苦手だった。だから、言い合いもして、ケンカもして、「給料少ないのキツいて！」って言って、これまでと何一つ変わらずに接してくれる奥さんの存在は何より安心できた。

山中亮平を形づくった〝空白の2年間〟

このときのことは別に自分の中でタブーではないし、聞かれれば話しているから「初めて語った」というわけではない。ただ復帰から何年も経って、日本のトップリーグで結果を出して、日本代表にも復帰して、実績やプレー内容で他にも語ることがたくさんあるはずなのに、「山中亮平といえば……」みたいな感じで、必ず資格停止について触れるメディアにいらついていた時期はあった。

「もうええやろ。なんで毎回セットで書かれなあかんねん」

そんな気持ちも今ではまったくなくなった。悪意を持って書かれたらムカつくだろうが、まだそこで情報が止まっている人がいるならそれも仕方ない。それより今の俺を見て評価してくれる人が増えるようにがんばろうと思えるようになった。

まったく意図せず禁止薬物を摂取してしまい、それが検出された。ルールはルールということは理解できていても、「なぜ俺が？」「俺ばっかり」という気持ちはずっとあった。ただこの期間は、今となっては自分のキャリアに必要な経験だったと思っている。

復帰した頃、昔からの友達に「この2年間で顔が変わったね」と言われたことがあった。その友達が言うには、顔が優しくなったという。高校生のときは目がつり上がっていて、怖かった。大学生になって少し柔らかくなったけど、まだトゲトゲしたオーラはあって、目もつり上がり気味だった。でも今は、全体的に顔が優しくなったのだという。

社業に携わることで、社会勉強ができたこともそうだが、なぜ自分たちがラグビーに専念できているのか、ラグビーができることの幸せを知ることもできた。ラグビーができないからこそ、もっとやりたくなった。あのときの2年間がなかったら、確実にもっと早く引退していた。

起きてしまったことは変えられない。だからそれをプラスにしていくしかないというのもあるが、あの〝空白の2年間〟の経験があったからこそ、36歳になった今もラグビー選手・山中亮平としてブレずにプレーを続けられている。

第四章

諦めない強さ

神戸製鋼への再加入とフィールドへの復帰

2013年4月27日、IRBから課せられていた2年間の資格停止処分がついに明けた。

やるべきこと、やれることはやってきたつもりだったが、その日が近づくにつれて「ちゃんとできるのか?」という不安が増してきていた。

職場の人たちからは「このまま社員でおったほうがええんちゃう?」という言葉ももらった。ちゃんと仕事もできているし、今の給料が少なくても長い人生を考えたら安定している会社員も悪くない。そんなふうに言ってくれる人もいた。

ラグビー部に復帰するにしても、契約については社員としてそのまま働きながらプレーするかプロ契約を結ぶかは、選べる状態だったと思う。仕事ぶりを評価してもらえたのはうれしかったが、プロ契約で戻ることに迷いはなかった。

4月いっぱいで会社をやめ、契約最低年俸で神戸製鋼コベルコスティーラーズと再契約を果たした。

復帰初日は、5月2日の練習日だった。メディアの取材も入っていて、さすがに緊張した。緊張しながらも、久しぶりにラグビー部のメンバーとグラウンドで顔を合わせるのが照れくさくて、妙に恥ずかしかった。同期のカンゾー、早稲田で1年後輩だった井口剛志《つよし》などよく知っているメンバーがいたのは救いだった。早稲田の2年後輩の中野裕太、現在はチームのマネージャーを担当している田中大治郎ら2013年度入団組が、2度目のラグビーキャリアの同期ということになる。

その日はシーズンのスタートでもあったので軽めのスキル練習が中心で、「戻ってきたぞー」という感じでもなかった。周囲もそれほど特別扱いするでもなく、スッと始まったが、むしろそれが心地良かった。後からカンゾーに「また山ちゃんとラグビーができてうれしいよ」と言われたときは、ずっと一緒にやって来た仲間だけに俺もうれしかった。

復帰後、2013－2014シーズンの神戸製鋼は苑田右二《そのだゆうじ》さんがヘッドコーチだった。10月のサントリー戦には、10番スターティングメンバーで起用してもらい、自分的には悪くなかったと思ったが、その試合に負けたこともあったのか、それ以降の起用はなかった。苑田さんと話している中で、思うように出場機会を得られなかったのは、〝信頼度〟の差が大きいと感じた。4シーズン目を迎えた苑田体制の中で、単純に山本大介さんや森田恭平さんへの信頼、プライオリティが高かった。

結果が出ないといっても、復帰してみて「ブランクがあって全然通用しないわ」とか「ついていけないわ」と思ったことは一度もなかった。復帰前にあった不安は、ボールを持ったらどこかに吹き飛んで、「出してくれればやれる」という自信はすぐに取り戻していた。

ベンチを温める日々が続いても、GMの平尾さんからは「俺はすごく評価しているから、山中はもっと全然できると思う」と言ってもらった。また、「お前は常に120%のパフォーマンスをせえへんかったら、周りは評価してくれんぞ。だから、常にいいプレーをし続けろ」と。若い頃は波があって、いいときもあれば悪いときもある。平尾さん自身もそうやったらしい。波が激しい選手やったかもしれないけど、試合に出られなくても腐っている場合じゃない、平尾さんが期待してくれているんだったらもっとがんばらなあかんと思えた。

転機になったチーフスへの留学

復帰2シーズン目になる2014-2015シーズンは、ニュージーランドの強豪・チーフスへの留学から始まった。神戸製鋼がチーフスと提携をして、俺と前川が行くことになった。

3月末から5月末の2カ月間は、復帰後の大きな転機になったと思う。チーフスに留学といっても、チーフス自体の試合があるか、その試合に出られるかはまた別問題。ニュージーランドでは、フレイザーテックというクラブチームでプレーできるように調整してくれていた。

ここで大きな変化があった。スタンドオフではなく、12番のポジション（インサイドセンター）を与えられたことだ。英語が話せないこともあって、選手とのコミュニケーションを必要とする10番（スタンドオフ）は難しい。まずは12番でプレーしてみてと言われたのがきっかけだった。

これがハマった。クラブチームだから決まりごともあるが、自分のポテンシャルや能力を前面に出して思い切りプレーできた。言葉が通じない以上、とにかくプレーでアピールしてボールをもらえるようにするしかない。結果的に、めちゃくちゃ伸び伸びとプレーできた。

ゴールキックを蹴る機会ももらえた。これがなぜかわからないが絶好調で、どこから蹴っても入る感覚があった。実際、難しい角度、距離のあるゴールキックが面白いように決まった。言葉はわからなくても、チームの雰囲気が良くて居心地が良かった。単純にプレーを評価してもらえる、キックを褒めてもらえる、自分の良さが生きる。離れていた間に忘れていた、中学でラグビーを始めた頃のようなラグビーの楽しさを思い出させてくれた。

初めてやる12番のポジションも新鮮で楽しかった。フレイザーテックの試合の他に、チーフスの練習に混ぜてもらうこともあった。当時のチーフスは、今神戸でヘッドコーチをやっているデイブ・レニーが率いた全盛期で、ダミアン・マッケンジー、アントン・リーナート＝ブラウン、リアム・メッサム、サム・ケイン、アーロン・クルーデンがいた。2013、2014年とスーパーラグビーを連覇したチーフスのスーパースターと一緒にプレーできたことは、めちゃくちゃ自信になった。

フレイザーテックのヘッドコーチが、「ヤマナカはゴールキックもうまいからITMカップ（現バニングスNPC）でも活躍できる。だからチャレンジしろ」と言ってくれた。ITMカップは、日本ではニュージーランド州代表選手権と訳されることもあるスーパーラグビーやオールブラックス選手の育成に重要な役割を果たす大会だ。自分がどこまでやれるか試すうえでも出場したかったが、留学期間を引き延ばせば日本のシーズンに影響が出るため、帰国せざるを得なかった。

神戸はヘッドコーチに南アフリカ出身のギャリー・ゴールドを迎えて、新しいチームづくりを始めていた。チーム戦術はキックでエリアを取るラグビーに変わった。キックの重要性が高まれば、俺の左足が必要になる場面も増える。ギャリー・ゴールド直々に「山中をニュージーランドから呼び戻せ」と言われたのも納得だった。

ニュージーランドで目覚めた12番でプレーする機会も増えた。10番と12番、両方でプレーすることで1年目とは打って変わってプレータイムが増えていった。

日本代表から早稲田に戻ったときもそうだったが、ニュージーランドで、世界トップクラスの選手のプレーに触れたことで、日本人選手には当たり負けする気がまったくしなかった。留学前と比べてコンタクトレベルが明らかに上がっていて、ラインブレイクしまくった。それが評価にもつながった。

オールブラックスの推薦でジャパンへ復帰

2014年10月には日本代表にも復帰している。

後で聞いた話だが、この招集には面白いエピソードがある。シーズン中、元オールブラックスのスタンドオフ、アンドリュー・マーテンズがスポットコーチで来ていた。オールブラックスでの正確なキックに定評があったマーテンズにはマンツーマンでキックを教えてもらう機会があった。そのときの印象を、マーテンズが日本代表監督のエディー（・ジョーンズ）に「ヤマナカってヤツのキックはいいぞ」と話したらしい。

ワールドカップまで1年を切ったタイミングで、レギュラーに定着するにはだいぶ出遅れていたが、エディーからもサイズは他の選手にない武器だし、左足には期待していると言葉をかけてもらった。このときも追加招集。〝ミスター追加招集〟なんてありがたくない呼ばれ方もしているが、いつも追加招集で遅れて呼ばれるのも自分らしいなとも思う。

思うようにいかなかった1年目を経て、2年目はようやく歯車が噛《か》み合って動き始めた感じだった。

ニュージーランド留学で得た経験と自信、神戸での新しい役割、そして日本代表への招集。10番へのこだわりもなくなって、どのポジションでもいいから出てプレーしたいし、できるという気持ちが強くなった。これが後々フルバック転向につながるのだが、そのときはまだ想像すらしていなかった。

南アフリカでの〝バカンス〟

復帰3年目になる2015－2016シーズンは、娘の誕生といううれしいニュースから始まった。3月に生まれた娘とは、シーズンオフにゆっくり過ごせると思っていたが、すぐに南アフリカに発つことになってしまった。

南アフリカ行きの経緯はこうだ。

神戸のヘッドコーチを1年で辞めたギャリー・ゴールドが、南アフリカの強豪、シャークスに移ることになった。まずまずの成績だったにもかかわらず、クラブを離れるギャリーと神戸の契約は円満に終了したらしく、シャークスに何人か留学に来ないか？ という誘いがギャリーからあったという。そこで、俺とニュージーランド出身で2014年に天理大学から神戸入りしたトニシオ・バイフの2人が南アフリカに行くことになったというわけだ。

2015年の春は、日本代表の合宿にも招集されず、チーフス留学の手応えもあったから「代表に呼ばれないなら、南アフリカに行って成長してやるか！」というモチベーションがあった。

結論から言うと、この南アフリカ行きは得られるものが少ない留学になってしまった。南アフリカについてシャークスの練習場に行っても、まだシーズンは始まっていないという雰囲気。チーフス留学のときは、出場機会のあるクラブチームを用意してくれていたが、とにかくやることがなかった。練習に参加できるならまだいいが、トレーニングも自分たちでやってくれという感じだった。

ギャリーも、「来たかったら来れば？」という軽いノリだったのかもしれない。待遇には期待していなかったが、実力を見せたり、シャークスのレベルを知ることができる機会がないならお手上げだ。

一緒に行ったトニは、毎日のように夜の街に出かけていたが、そんな気分にもなれなかった。ある日、トニが「すごい家族と知り合いになった。今日の昼、その家族のバーベキューに行こう」と誘ってきた。行ってみると、海の近くの大豪邸、〝ザ・富裕層〟のバーベキューで、ビーチに出て泳いだりして過ごした。すごい世界やなあとは思ったけど、「泳げないから」とテラスで酒を飲んでるトニを見て「俺らこんなとこまで来て何してんねん……。バカンスに来たんちゃうぞ」とバカらしくなった。

長男もまだ小さい中、娘が生まれてワンオペで家事と育児をこなしている奥さんが、

「南アフリカで成長できるなら」と快く送り出してくれたのに、全然ラグビーができていないことに罪悪感も感じた。

滞在期間中、シャークスのデベロッパーチームの練習試合に出場させてもらうことになって、そのための練習を始めた。試合があるならやってやろうと思ったが、明らかに人数合わせ要員。フルバックをやるように言われ、ここにいても成長はできないと思っていた。

そんな思いが届いたのか、デベロッパーチームの試合前日に、日本代表から追加招集があったと連絡が来た。本来は数カ月の予定だったが、3週間で切り上げ、4月12日には宮崎で日本代表に合流していた。

雷雨のフィールドに響いたエディーの怒号

アジア・ラグビーチャンピオンシップを控えた合宿で、その後ジャパンは韓国代表、香港代表と試合をすることになっていた。4月から5月まで計4試合行われたその試合では、韓国との2戦目に途中交代で出場しただけで思うようなチャンスはもらえなかった。

その合宿終盤、首のヘルニアで腕に痺《しび》れが出ていた。アップでも少し押されたら電気が走るような痛みに襲われるような状態だったが、チーム内での立場を考えると「練習できません」といった瞬間に帰らされるから言い出せなかった。

最終戦の香港戦は、日本が3対0でリードしたところで雨が強くなり、一時中断した。会場の香港仔運動場には雷も鳴り響いていたこともあり、数十分後に試合の中止が決まった。

「いやぁ、良かったですね。これ試合が続いていて、出ることになっていたら俺たち終わってましたね」

試合を一緒に見ていたトシさんに話しかけた。そのとき、トシさんもケガをしていて、なんとかごまかしながら合宿期間を乗り切ろうとしていたのだ。

「ヤバかったなぁ」とトシさんが同意した直後、エディーの声が聞こえた。

「全員フィールドに出て」

試合の中断は決まったが、これから練習をするという。この試合は勝っても負けても日本の優勝という〝消化試合〟だったが、ワールドカップまでの準備、そのためにこなせる試合数を考えると、どうしてもやっておきたい試合だったのだろう。エディーは運営が下した中止の判断にブチ切れていた。

雨なんか関係なくできるよと言わんばかりに、日本代表のメンバーによる激しい練習が始まった。大雨と雷の中で、本気のアタックディフェンス。エディーも声を出して盛り上げている。練習が始まるときにはトシさんと「俺ら終わったな」と顔を見合わせたが、覚悟を決めてやり切った。

内心ホッとしていた登録メンバー落ち

首を痛めながらがんばった雷雨の中の猛練習の甲斐あって、6月の合宿には追加ではなく最初から呼ばれた。そこから7月のアメリカ・カナダ遠征、8月に世界選抜と戦い、ウルグアイ代表とキリンチャレンジをやって、最終登録メンバー発表という流れだった。

7月のアメリカ戦は12番で出場機会をもらった。試合後の1 on 1ミーティングでエディーに「これでやっと選考対象メンバーに入った」と言われた。しかし次のカナダ戦以降の出番は回ってこなかった。

8月の最後の宮崎合宿でエディーに個別に呼び出され「ワールドカップのメンバーに入れなかった」と告げられた。最後はトシさんと迷って、経験やリーダーシップを考えてベテランの力がチームには必要だったということも言われた。29日には登録メンバー発表前最後のウルグアイ戦を控えていたが、落選したメンバーは26日に合宿から帰ることになった。

エディー・ジャパンの合宿は体力的にも相当ハードで、追い込まれているのに試合に出られない。試合に出られていないのにメンバー入りするのは無理だと思っていた。悔しさはあったけど、正直に言えば、解放されたという気持ちもあった。「バックアップメンバーです」って言われて、ホッとした自分もいた。やっとこれで家に帰って、子どもや奥さん、家族に会えるという気持ちがあった。

〝ブライトンの奇跡〟への嫉妬

2015年のワールドカップ初戦、あの歴史的な勝利は、トップリーグのプレシーズンリーグ順位決定トーナメントでNTT（コミュニケーションズシャイニングアークス）との試合を終えた長崎のホテルで見た。一人部屋だったから、「ああ、始まるねぇ」くらいのテンションで見始めたら、とんでもない試合展開になった。エディー・ジャパンがこの試合に勝つためにどんな準備をしてきたかはよく知っていたが、さすがに勝つのは厳しいだろうと思っていた。それどころか、南アフリカに勝つための厳しい練習を「キツい」からと言って、メンバーから外れてホッとしていた。そんな自分が情けなくなる勝利だった。

最後のトライを決めたカーン・ヘスケスは、比較的遅くエディー・ジャパンに加わった。呼ばれたタイミングとしては、ほぼ俺と同じくらいだったと思う。ただ、練習への姿勢はひたむきだった。コンタクト練習じゃなくてもしっかりコンタクトしてきて、チームメイトからも「練習なのに」と嫌がられるほどいつも全力だった。今思えば、エディーが望むしつこさや懸命さを前面に出してアピールしていた。

後半38分から試合に出て、インジュアリータイムに初めてボールに触り、それが試合を決める逆転トライにつながった。ヘスケスが左隅に飛び込んだときに「ああ、やっぱりこういう選手が最後に決めるんだな」と練習でのひたむきな姿がすべてにつながった気がした。〝ブライトンの奇跡〟は、やり切った人だけが起こせた奇跡だったのだ。

長崎のホテルはそれぞれテレビで見ていた選手たちが廊下に出てきて大騒ぎになったが、自分もあそこにいたかもしれないと思うと素直に喜べず、悔しさが込み上げてきた。

残るために努力が足りなかったのも自分だとわかっているが、悔しさはどうにもならない。

幻になった追加招集

後日談として、実は神戸製鋼からメンバー入りしていたクレイグ・ウィングが、日本代表から離脱するかもしれないから、呼ばれる可能性があるぞという情報があった。実際に南アフリカ戦で出場予定だったクレイグは初戦の出場を取りやめ、リザーブの立川理道が12番に、リザーブには田村が入ることになった。結局、南アフリカに勝ったチームに残りたくなったのか、クレイグは離脱せず、バックアップメンバーの招集もなかった。初戦、立川ではなく、クレイグが出ていたら？　反対にクレイグが試合前に離脱していたら？たられればを言い出したら切りがない。ほんの少し状況が違えば、追加招集で歓喜の輪に加わっていたかもしれなかった。

惜しくも決勝トーナメントには進めなかったが、ジャパンの健闘が日本でも大騒ぎになったことにも驚いた。2019年は自国開催のワールドカップがやってくる。「次は絶対に出たろ！」という気持ちになった。

「出たろ！　というか出たい！　絶対に出る！」

2年のブランクを経て2シーズン目で代表復帰、3シーズン目にはW杯の代表一歩手前まで行ったと思えば出来すぎだろう。だが、もっとがんばっていれば、ヘスケスのようにエディー・ジャパンのラグビーに向き合い、ひたむきに取り組んでいれば……。あそこに立てるチャンスがあったのに、自分からそれを手放したのかもしれない。

２０１９年は必ずジャパンのジャージを着てフィールドに立とうと心に誓った。

山田章仁さんから教わったコミュニケーションの重要性

神戸製鋼でのシーズンでは、スタンドオフを基本にしながら12番のポジションでも試合に出るようになっていた。代表には呼ばれるようになっていたが、〝不動のレギュラー〟ではなく、リザーブに回ることも多かった。復帰３シーズン目のヘッドコーチは、南アフリカ出身のアリスター・クッツェー。名前のある選手でも、その週のスタートの火曜日の練習に出てこない、その時点でケガをしている選手は試合に出さないというフェアなコーチで、きちんと選手の状態や調子を見極めて起用する人だった。

復帰後の神戸では、監督が代わることが多かった。アリスターも１シーズンで次のジム・マッケイに代わり、ジムも2シーズン指揮を執ったが、２０１９-２０２０シーズンには現在につながるウェイン・スミス総監督、デーブ・ディロンヘッドコーチ体制に代わっている。

ヘッドコーチが代わるたびに心がけていたのは、コミュニケーションを取ること。ヘッドコーチは一人で、選手は何十人もいるから一人ひとりを把握するのには時間がかかる。ヘッドコーチに覚えてもらうためには自分から話しかけてまず顔を覚えてもらい、どんなプレーをするのか印象づけないといけない。これは、エディー・ジャパンで一緒になった山田章仁《あきひと》さんに教えてもらったことで、アキさんには「だからエディーにも話しかけないと」と言われたが、なぜかエディーにはあまり行けずじまいだった。

神戸では、監督が代わるたびに「自分がどういう選手なのか」をアピールして、試合に出たいからこそ、監督の考えていることを理解しようとした。試合に出られないときは「どこがダメだったのか」を聞いて、改善するためのコミュニケーションを取った。ギャリー・ゴールドともアリスターともよく話をしたし、自分が出られなかったときはどんなフィードバックがあるか、常に聞いていた。

学生の頃は、「なぜ俺を使わない?」「俺のほうがラグビーをよくわかっている」という傲慢な態度で理由を聞きに行ったり、意見を押し通そうとしたりしていたが、社会人になってからは、起用されなかったときのフィードバックを参考に、試合に出られる確率を高める努力を普段からするようになった。ヘッドコーチに媚《こび》を売るわけではないが、特に新任の外国人監督は右も左もわからない日本で心細いこともある。まずは話しかけてくれる選手がいたらうれしいと思うし、その選手が自分の特徴を説明してくれたら、チームに生かそうとポジティブに捉えてくれる可能性は上がるはずだ。

サンウルブズでの経験

２０１６年になると、日本のスーパーラグビー参戦チーム「サンウルブズ」が発足した。南半球最高峰のラグビーリーグで戦うサンウルブズは、世界レベルのラグビーを経験できる常設チームとして、日本ラグビーのさらなるステップアップを目指してつくられたチームだ。

２０１５年、エディー・ジャパンの終盤には、日本代表メンバー内でサンウルブズの契約の話は出ていた。「みんな行くの？　行かんの？」みたいな話をしていたが、ほとんどの選手は「行けるなら行きたい」という答えだった。

初年度のヘッドコーチは、ニュージーランド出身のマーク・ハメット。1年目は、ジャガーズ（アルゼンチン・２０２０年に解散）に1勝したが、その他の13試合には敗れ、力の差を見せつけられた。個人的にもなかなか試合に出られず、遠征メンバーからも外れることが多かったから、拠点になっていた東京・品川のウィークリーマンションで時間を持て余していた。試合にも出られずトレーニングも十分にできなかったから体重が落ちてしまい、不意に呼ばれて試合に出ても満足のいくパフォーマンスができないという悪循環だった。

相手はほとんどが普段からクラブとして練習を重ね、関係性を築いている中で、日本代表でやっているとはいえセレクション形式のサンウルブズとでは、連携面や成熟度、環境面でも差があった。ここで我慢してとにかく参戦し続けて、2代目のヘッドコーチ、フィロ・ティアティアがサンウルブズにもファミリーという概念を持ち込んだ。

フィロは大好きなコーチの一人だ。自分への評価が高かったとかではなく、いいときも悪いときもしっかりと評価してくれたし、何よりまずチームをファミリーと捉えていたから、コミュニケーションを大切にしていた。

2017年の5月に次男の出産に立ち会うためにサンウルブズを離れなければいけなくなった。日本にいた俺に、サンウルブズのミーティングの様子が動画で送られてきた。動画を開くと、「サンウルブズに新しいメンバーが!」という声と、その後に大きな歓声が聞こえた。ミーティングのスクリーンには次男の写真が映し出されていて、誕生をファミリーとして祝ってくれていたのだ。その後、赤ちゃん用のサンウルブズのジャージが届き、メンバーのファミリーはサンウルブズのファミリーだという、フィロの考え方が、サンウルブズの連帯感、一体感を強くしてくれた。

2018年からはジェイミーがジャパンと兼任でヘッドコーチをやるようになって、2019年のワールドカップの快進撃につながっていったと思う。ただ3年目はまったく呼ばれていないし、その他の年も出場機会が限られていた。2017年のフィロが率いたサンウルブズはチームとして大好きだったが、自分の成長という意味では、「サンウルブズがあったから」というのは特にない。スーパーラグビーのレベル、海外の選手たちを見ても、これは敵《かな》わないとか、レベルが違うと思うようなことはなかった。出場機会があれば、個人のスキルやプレーに関しては十分通用すると思っていた。

恩師・平尾誠二さんとの別れ

話は前後するが、2016-2017シーズンには、ショックな出来事があった。10月20日、俺を神戸に誘ってくれて、資格停止期間も励まし続けてくれて、復帰後も変わらず期待をかけてくれていた平尾誠二さんが亡くなった。

その頃はずいぶん痩《や》せていたし、しんどそうにしている姿も目にしていた。平尾さん本人は闘病を明かしていなかったから、命にかかわるような状況だとは知らなかった。日本代表やサンウルブズの活動もあったし、平尾さん自身もなかなか練習に顔を出すということもなくなっていたから、話をする機会は減っていたが、スクラムハーフの佐藤貴志さん(通称シュガーさん)が、平尾さんと連絡を取り合っていて、「平尾さんが先週のプレー良かったって褒めてたぞ」とか「その調子でがんばれって伝えてくれって言われた」と、教えてくれた。シュガーさんを通じてだけど、平尾さんが気にかけてくれている、見てくれている、変わらず期待してくれていると思うと、うれしかった。

最後に直接お会いしたのは、俺の記憶が正しければ2016-2017シーズン開幕前の契約更改。そこから会うことがないまま、10月に選手スタッフ全員がクラブハウスに集められて、「なんだ?」と思っていたら、平尾さんの訃報が伝えられた。

平尾さんには感謝しかない。社員として残る道を示してくれたのも平尾さん。資格停止後、プロ選手として契約できたのも平尾さんがいたからこそだった。

俺からしたら気さくに話しかけられるような人ではなかったけど、亡くなってしまって思ったのは、もっといろいろ話したかった。聞きたいこともたくさんあった。

資格停止期間中は、飲みに行ったこともあったが、あの頃の俺は、平尾さんに聞きたいことが浮かぶような経験も、ラグビーや人生に対する考え方も持っていなかった。

後悔しても遅いが、34歳で代表監督になり、翌年には正式に現役を引退した平尾さんは、なぜそのときに引退したのか？　飲みに行ったときは平尾さんが引退した年齢も経緯も何も知らなかったが、自分が経験を重ね、ラグビー選手としてのキャリアが終盤にさしかかっている今、平尾さんにそんなことを聞いておけば良かったと思っている。

平尾さんが亡くなった後、平尾さんの奥さん、息子さんと食事に行く機会があった。せっかくなので、平尾さんが引退した理由について、奥さんに聞いてみた。奥さんは「あの人は何でも自分で決めるから」と一言。気がついたら代表監督になっていて、引退していたのだという。

息子さんの結婚式に招かれたときにも、印象深いエピソードがある。

式で一緒になった平尾さんと交流が深かったノーベル生理学・医学賞を受賞した京都大学の山中伸弥教授から、「君が山中選手か」と言われた。聞けば、平尾さんは生前、お前と同じ名字の選手がいると、俺のことを話していたらしい。

平尾さんが期待をかけてくれていることは周囲からも聞いていたが、山中教授にも話していたと思うと、なんだかうれしかった。

神戸でのキャリアで大きな転機となったのが、フルバックに転向した2018―2019シーズン。この年はプレシーズンから神戸にいられた珍しいシーズンだった。この年から総監督にオールブラックスのアシスタントコーチとしてワールドカップ連覇を果たしているウェイン・スミス、ヘッドコーチにデーブ・ディロンという新体制がスタート。2015年ワールドカップ優勝メンバーのダン・カーターの加入など、平尾さんの悲願だった優勝を目指せるメンバーが集まってきていた。

新しい可能性にかけたフルバック転向

ウェイン・スミス総監督からは、8月頭の網走合宿で「山中が伸び伸びプレーするためにはフルバックに挑戦するのがいいと思う」と言われた。率直に言えば「ダン・カーターがいるからフルバックをやらないか?」という提案だった。

翌年に控えた自国開催のワールドカップ出場はまだ諦めていなかった。このタイミングでのフルバック転向は正直キツいと思っていた。ほぼプレーしたことのないフルバックに転向していきなり試合に出られるほど、ジャパンは甘くない。

スタンドオフに対するこだわりはあったが、それでもインサイドセンターにすぐに順応できた成功体験があったこと、ウェイン・スミスからの提案だったこと、スタンドオフがダン・カーターだったことなどの複数の理由から、コンバートを受け入れて新たな挑戦をすることを決めた。

このことは吾郎にも相談し、ワールドカップに出るという目標に対してコンバートはどうなのか？　についてかなり長時間話し合った。結果的には「どのポジションでプレーするかより、どんなプレーをするか」のほうが大切だというアドバイスが決め手になった。

この年の神戸は、準備段階からポジティブな雰囲気に溢れていた。6月にはモーリシャス共和国で行われた10人制の世界大会（ビーチコマー・ワールドクラブ10's）に神戸製鋼として参加して、モーリシャスで合宿生活ができて始動は例年に比べて早かった。

ウェイン・スミスは、実績をひけらかして上から目線で来るようなタイプではなく、神戸製鋼の歴史や背景をリスペクトしていた。会社の歴史や、工場の仕事を学ぼうと見学ツアーを企画したり、阪神大震災のときの話とそこからの復興の話に耳を傾けたりしていた。それをチームで共有できたから、応援してくれている会社、社員のためにがんばろうという一体感が生まれていた。

7月にダン・カーターが合流すると、さらにチームの意識が一段引き上げられるのを感じた。テレビで見ていたスーパースターが、目の前にいるだけでなく、率先して練習に真剣に取り組み、最後までグラウンドに残って居残りキック練習をしている。オンではストイックだが、オフになればお酒を飲んで上半身裸になって踊ったりもする。2015-2016シーズンからいるアンドリュー・エリスも、2017-2018シーズンに加入したオーストラリアのスター選手、(アダム・)アシュリークーパーもそうだったけど、レジェンドと言われる選手がオンのお手本になってくれたうえに、オフで一緒にバカ騒ぎをして親しく接してくれる環境は、チームに好影響しかなかった。

余談にはなるが、個人的にはダン・カーターのお尻の筋肉のつき方に注目していた。ゴールキックの蹴り方も教わったけど、お尻の上、腰の下あたりにも筋肉で盛り上がった部分がある。普通ならここはこんなにならんでしょ? というところに筋肉がついているのが気になった。思わずスマホで撮影してしまったほどだ。

フルバックへの転向は、ウェイン・スミスの見立て通り、「伸び伸びとプレーする」のに最適だった。これまでスタンドオフとしてゲームの組み立てやサインに使っていたパワーを、後方からのキックやオープンスペースへの突破に振り分けることできた。10番にダン・カーター、13番にアシュリークーパー、12番にリチャード・バックマン、リザーブにも、アンドリュー・エリスがいて、ヘイデン・パーカーがいて……。

それまでは、バイスキャプテンをやったり、慣れないチームのまとめ役的な役割も期待されていたが、このチームでは、難しいことを考えず、チームの中で自分が輝けるプレーに集中すれば良かった。

2018－2019シーズンの神戸製鋼には、試合に出場するメンバーも、出場できないメンバーも一丸となって、優勝という目標に向かっていく特別な一体感があった。

フルバックへの順応は言うほど簡単ではなかったが、チームの雰囲気の良さに背中を押されて、悩むことなく伸び伸びとプレーできた。井関（信介）とか、クーピー（アシュリークーパー）とか、フルバックの選手に「どういうタイミングで上がったらいい？」とよくアドバイスを求めていた。ウェイン・スミスからは「ベン・スミスのプレーを参考にしろ。スミスのプレーが、フルバックとしてはパーフェクトだ」と言われた。後に神戸に来ることになるベン・スミスのプレーを中心に、スーパーラグビーを繰り返し見ていた高校時代以来、久しぶりにラグビーを勉強し直すつもりで映像をたくさん見た。

トップリーグのシーズンが10月に入る頃には、フルバックも板についてきていた。10月13日に行われた第6節、豊田自動織機シャトルズ戦で2トライを挙げてマン・オブ・ザ・マッチに輝くと、その翌々日には、10月14日にスタートしていた日本代表の宮崎合宿に追加招集される。10月20日のトップリーグ第7節、NECグリーンロケッツ戦では再び神戸のノエスタに戻り、3トライを挙げて2試合連続のマン・オブ・ザ・マッチに。この日は奇《く》しくも、平尾さんの三回忌でもあり、天国の平尾さんにいい報告ができた。

転向から3カ月でジャパンのフルバックに

活躍の余韻に浸る間もなく、今度は、日本代表の世界選抜戦にフルバックとして途中出場。ギリギリでのコンバートとなったが、フルバックで呼んでもらえた。トップリーグで活躍できたことは、かなりの自信になっていた。

11月に行われた日本代表対ニュージーランド代表でも、フルバックで先発出場。転向からわずか3カ月程度で、日本代表のスタメンに名を連ねることになるとはさすがに思っていなかった。

オールブラックス戦は、31対69の大差で負けたが、チームで過去最高の5トライ、見せ場は多くつくった。自分の出来についてはキャッチも安定していたし、そう悪くなかった印象だった。だが、その後のイングランド遠征でのイングランド代表戦2試合は、リザーブにも入れずにツアーが終わった。

２０１８年当時、日本代表のヘッドコーチだったジェイミーには、過去の経験から、起用理由やフィードバックに納得いかないところがあった。

少し時間が戻るが、２０１６年の4月、若手主体で臨んだアジア・ラグビーチャンピオンシップに追加招集されて、13番（アウトサイドセンター）で起用された。13番はやったことがなかったが、チームの要求に応えてそつなくプレーし、結果も出していた。サンウルブズと並行してのシーズンだったから、サンウルブズからの招集でチームを離れなくてはいけなくなった。本来ならチームにいるときにもらえるフィードバックが、遅れてジェイミーから届いた。そのプレーレビューには、「外に回したら取り切れるのに全部自分で行ってチャンスをつぶしている。あの場面で外に回せないプレーヤーはいらない」というようなことが書いてあった。百歩譲って、チーム事情でとか、ジェイミーの意図するところがあってとか、ほぼ初めての13番で起用した理由が書かれていたら、少しは話を聞けたかもしれないが、それもなしに慣れないポジションでトライまで奪って文句しか言われないのはキツかった。そのときのこともあって、「フルバックで結果を残してもメンバーに入らんのや」と思っていた。

ただ、２０１６年からスポットコーチとして日本代表に参加していたトニー・ブラウンのフィードバックは、自分のいいプレーをしっかり見てくれていた。もちろんチームへのフィットに対してリクエストや指摘はあったが、良かったところの評価もあったうえでのフィードバックだった。フルバックでのプレーも、トニー・ブラウンにはある程度評価されていたと思う。

ジェイミーのフィードバックについては免疫があったこともあり、「リーグでも結果は出ているし、ジャパンでも通用する感覚はあった」と、イングランド遠征を終えてもフルバックについての自信を失うことはなかった。

神戸は優勝を目指して突き進んでいたから、ひとまずジャパンのことは忘れて、クラブに集中すれば良かったことにも助けられた。

平尾さんに捧げる15季ぶりのリーグ制覇

レッドカンファレンスを６勝１分け無敗でトップ通過した神戸製鋼は12月のトップリー

グ順位決定戦兼日本選手権の初戦で、リコー（・ブラックラムズ）と対戦した。前半19分にカウンターアタックに入ってステップを踏んだとき、相手選手のタックルが顔面に当たって負傷交代となる。試合は神戸が63対27で大勝したが、ハイタックルに厳しい現行ルールなら即退場のプレーでフィールドを去った俺は、顔面を骨折してしまった。

歯も折れるほどの衝撃だったが脳震盪などの深刻なダメージがなかったのはラッキーだった。ドクターには、さすがに次の週に行われる準決勝への出場は無理だと言われた。

準決勝のトヨタ自動車ヴェルブリッツ戦は、フルバックに入ったリチャード・バックマンを応援することしかできず、ベンチでチームの勝利を祈るだけだった。祈りが通じたのか、チームは39対31で勝利を収め、決勝に進むことができた。

迎えたサントリーとの決勝戦は、何が何でも出るつもりでいた。すぐに手術を勧められたが、手術をすれば決勝には間に合わない。腫れはすでに引いていたし、痛みも我慢できないほどではない。手術はせず、フェイスガードをつけて試合に臨むことにした。

総監督のウェイン・スミスからは、決勝の週の初めに「顔面からタックルに行けないようなら出さない」と言われた。「行けます」と答えたが、ドクターは「行ける」とは言わなかったし、コンタクトはできるだけ避けるようにと忠告されていた。

「本当に行けるのか？」

練習が始まると、ウェインは覚悟を試すかのようにタックルバッグを顔面目がけてぶつけてきた。それに臆せず「もう普通に行けます！」と言いながら自分からぶつかりに行った。

「それなら行ってこい」と、メンバー入りすることができた。

決勝はまた折れてもいいと思ってプレーした。アスリートあるあるで、試合中は痛みを感じないが、この後しばらくは頬のあたりがピリピリする感じがあった。今でも触るとわずかに痛みが走る。

試合結果は55対5。決勝戦としては珍しい圧勝劇。自分も2トライを決めて、ブレイクダウンの寄りもシーズンで一番良かった。何よりプレーしていて楽しかったし、神戸に来て一番思い切りプレーできた試合であり、シーズンだった。

チームとしてずっと掲げていた平尾さんに捧げる優勝。平尾さんがずっと願っていた神戸製鋼の復権を15シーズンぶりに果たすことができて本当にうれしかった（リーグ制覇は15季ぶり、日本選手権は18季ぶりの制覇）。

２０１８－２０１９シーズンは、ダン・カーターがリーグＭＶＰとベストキッカーに輝いた。ベストフィフティーンには、神戸製鋼からプロップの山下裕史《ひろし》、ロックのトム・フランクリン、ナンバーエイトの中島イシレリ、スクラムハーフのアンドリュー・エリス、センターのアダム・アシュリーパークとリチャード・バックマンの6人が選出された。

平尾さんとの果たせなかった約束、忘れ物を届けられたのはもちろん、ウェイン・スミスのチームビルディングで、会社も含めた大きな組織に一体感が生まれていたことも充実感につながった。これまで過ごしてきた中でベストのシーズン、チームを選べと言われたら、2018-2019シーズンのあのチームを選ぶと思う。

初動負荷トレーニングによる身体改造

2018年の好調には、もう一つ理由があった。日本代表、サンウルブズでの活動がいまいち中途半端になっていた時期ということもあって、トレーニング方法に変化をつけようと新しいジムに通い始めた。メジャーリーグでも活躍したイチローさんが通っていることで有名になった、鳥取に本拠を置く『ワールドウィング』がそのジムだった。

小山裕史さんが開発した初動負荷理論に基づいたトレーニングは、重いウェイトを持ち上げるのではなく、特別な機器を使って関節の可動域を広げたり、神経や筋肉、関節に無

2018-2019 シーズンでは、トップリーグで 15 季ぶりの優勝を果たし、日本選手権のチャンピオンも 18 季ぶりに獲得した。第 56 回ラグビー日本選手権決勝の表彰式後の記念写真。【写真●アフロ】

理な負担をかけることなくスムーズに大きな力を出せるという。

神戸の東灘区にワールドウィングのジムがあったことから、定期的に通うことにした。今では、初動負荷理論を勉強した個人のトレーナーに体を診てもらっているが、ワールドウィングでトレーニングをするようになってすぐに体の使い方が変わり、関節や筋肉回りのケガをしにくくなった実感がある。

リコー戦での顔面骨折のような接触プレーでの外傷は、ラグビーをやる以上防ぎようがない場合もある。だが、可動域や柔軟性、体の使い方を意識すると、慢性的な痛みや故障は減らせる。ケガによる長期離脱がないのはラグビー選手として大切な評価軸の一つだと思う。

神戸とジャパンでのフルバックの役割の違い

2019年のワールドカップは、いろいろな意味で特別な大会だった。

2015年は、あと一歩でスコッド入りを逃した。メンバー落選を告げられたとき、ショックはあったが、同時にハードなトレーニングやプレッシャーから解放されてホッとした自分がいた。結果的には〝ブライトンの奇跡〟で日本中が盛り上がっている中、悔しさだけが残った。

「次は日本でやるから絶対に出たい」

そう思ってワールドカップメンバー入りを目指してきた。

ここまで振り返ってきたように、メンバー入りの鍵を握ったのは急遽転向したフルバックのポジションへの〝慣れ〟と、ジェイミー・ジャパンの求める役割へのフィットだった。

フルバックは、スタンドオフと比べてボールを持っていないときの動きが多い。ディフェンス時は特に、カバーに回ったり、最後の砦《とりで》としてタックルに行ったり、とにかくずっと走り回らなければいけない。最後尾から指示も出さなければいけないから、オフ・ザ・ボールの動きとコミュニケーションが大切なポジションだ。

フルバックへの〝慣れ〟については、2018－2019シーズン、圧倒的な強さで優勝した神戸製鋼でのプレーで十分手応えを感じていた。問題は、ジェイミー・ジャパンの求めるフルバック像、チームの求める役割にどれだけ対応できるかだった。

神戸では、攻撃するサイドのラインに参加してそのまま攻め上がったり、うまくボールを受けることができればトライを狙ったり、スタンドオフの位置に入ってボールを動かしたり、とにかく動いてボールに関与するフルバックとしてプレーしていた。フルバックらしいフルバックとは言えないけど、スタンドオフを長くやっていた自分の特徴を生かせる役割で、自分でもしっくりきていた。

2019年のジェイミー・ジャパンがフルバックに求めていたのは、スタンドオフと近い距離を保ちながら、ウイングにフィニッシュさせるためにオフ・ザ・ボールで動く役割。ボールが回ってくることはあまりなくて、もらえたとしてもスタンドオフの内か外、外でライン参加という感じだった。好きか嫌いかというと嫌い。ボールをもらえないからつまらないという気持ちはあった。

日本代表の合宿中に取ったメモが残っている。2015年の反省もあって、チームが何を求めているか、ヘッドコーチは何を意図してどんな戦術を採用しているのかをできるだけ理解しようと自分なりに努力していた。

メモには、「10-15のコネクト」「ディテールをとにかく」「しっかり細かいところをやって、モメンタム（勢い）がつく」とある。

ジェイミー・ジャパンでの「ディテール」は、アタックのときの細かい動きのこと。自分たちの役割をしっかり果たし、シェイプアタックのシェイプをしっかりやってモメンタムをつくる。モメンタムがないときはしっかりとキックをして、そこからディフェンスでシェイプするということを繰り返し言われていた。

チームとして最重要テーマに挙げられていたのが「一貫性」だった。個人的にもジェイミーやトニーから「一貫性をとにかく大事にしろ」と言われていたし、同じくらい自分の役割をしっかりやり切るように言われていた。メモにも目立つように「自分の役割を遂行し続ける」と書いてある。

２０１８年の日本代表でのイングランド遠征では出番なしで終わったので、メンバー入りに自信があるかと言われれば「微妙」だった。ちょっとは行けるかな？　と自信がついたのは、８月にあったフィジーでのワールドラグビー・パシフィックネーションズカップの最終戦、アメリカとの試合だった。シーズン初めてジャパンのジャージを着た試合は、フルバックで先発出場。後半３分にはラインアウトからフォワード陣が縦を突いてできたオープンスペースに飛び込んでトライを挙げ、勝利に貢献した。

これが登録メンバー発表前、最後のテストマッチ。チームはここから網走合宿に入り、合宿打ち上げの翌日、８月29日の14時にはラグビーワールドカップ２０１９最終登録メンバーが発表される流れだった。

初めてのワールドカップへ

ギリギリもギリギリ、最後の最後でようやく試合に出て、結果を残すことができたわけだが、アメリカ戦はいい試合展開で勝っていたし、個人としてもジェイミーにいい印象を残して終われた感触はあった。

メンバーが発表されたのは、全員が揃ったミーティングルームだった。俺のポジションは、フルバックだから呼ばれるとしても最後のほう。名前を呼ばれた瞬間は、「よっしゃー!」というより「お、入った」とどちらかというとホッとした感じだった。どっちにしても、会場には選ばれなかったメンバーもいるわけだから、そんなにおおっぴらに喜ぶ感じではなかった。

発表後、家族や親しい友人に報告した。家族はめっちゃ喜んでくれた記憶がある。両親からもおめでとうのLINEが来た。早稲田の同期のLINEグループでも「山ちゃんおめでとう!」の文字が並んでいた。神戸製鋼でも発表当日に本社で記者会見を開いてくれて、アタアタ(・モエアキオラ)と一緒に記者の質問を受けた。

メンバーには入ったが、正直試合に出られるかどうかは五分五分じゃないかと考えていた。最悪、1試合もメンバー入りしないままワールドカップを終えることもあると思っていた。

ワールドカップ直前の南アフリカとのテストマッチに出場しなかったことが、実は初戦のロシア戦出場につながったのかもしれないと思っている。

強豪南アフリカに対しては、試合前、ジェイミーも「勝ちではなくパフォーマンスを」と言っていた。前回大会でジャパンに負けている南アフリカとしては、ワールドカップ前の調整試合とはいえ簡単に負けるわけにはいかない。日本代表は7対41と完敗。（福岡）堅樹がケガで途中交代、何人かはジェイミーの期待する役割を果たせず、このメンバーがそのままロシア戦に出るという雰囲気ではなくなっていた。南アフリカは、初戦でいきなりニュージーランドと対戦することもあって、仕上がりが良かったのかもしれない。

それを見ていたから、もし南アフリカ戦に出場して何かやらかしていたら、ワールドカップ出場はなかっただろうと思ったのだ。同時に、メモに残した「自分の役割を遂行し続ける」を改めて強く心に刻んだ。

ワールドカップのハンパないプレッシャー

ロシア戦でのメンバー入りは、「ないかも」と思っていただけにうれしかった。リザーブ、23番でのメンバー入りだったから、そこまで緊張はせず「これは楽しみやなぁ」というワクワクモードになっていた。

ジャパンにとっての開幕戦となったロシア戦は、スタメンの15人がみんなめちゃくちゃ緊張しているのが伝わってきた。特にフルバックの（ウィリアム・）トゥポウがめちゃくちゃ緊張していて、入りの4分でハイパントをキャッチミスしたプレーを見て、「ああ、本当にめっちゃ硬くなってるな」と思った。トゥポウ以外の選手も、ロシアのハイパントが手につかない場面が目立った。先制はロシア。前半39分には逆転したが、前半は良くなかった。

後半30分、トゥポウと交代で出ることになった。自陣ではキックでタッチに出すプランに忠実なプレーを心がけた。緊張からかバタバタしていたチームをタッチキックで落ち着かせる役割をこなすことができたと思う。ロシア戦では役割をきっちり遂行できたこともあって、自分の出来には満足。チーム内のフルバックとしてのプライオリティでも、少なくともトニー・ブラウンの信頼は勝ち取ったと思った。今思い出しても、緊張せずに試合に入れたロシア戦が一番楽しかった。

ロシア戦でのフォア・ザ・チームのプレーが評価されたのか、アイルランド戦は15番で先発した。ロシア戦とは打って変わって、めちゃくちゃ緊張した。試合日が近づくにつれて「出たくない」「逃げ出したい」とまで思うようになった。日を追うごとにハンパないプレッシャーが押し寄せてきた。

バスの中ではケツメイシの『覚悟はいいか』をリピートで聴いていた。たまたま見つけた曲だったが、歌詞がまさに今の俺を歌っているかのような内容で、ここまで覚悟を持って準備してきたから大丈夫！　と、ガチガチに緊張した気持ちをなんとか落ち着かせた。

なんとか落ち着いたつもりだったが、国歌を歌う頃にはまた緊張が戻ってきていた。メンタルトレーナーからは、プレッシャーや不安は消えないからそれを受け入れて対処しようと言われていたが、その対処法を超えた緊張が襲ってくる感じだった。

アイルランド戦以降の試合はほぼ全部、結構な時間、足がつっていた。「え？　こんなに早く足がつる？」と思うくらい、緊張なのか、無意識に普段と違う走り方をしてしまっていたのか、スタメンで出た試合は後半10分くらいからずっとつりっぱなしということもあった。

作戦的中のアイルランド戦で最高潮に

アイルランド戦は、事前の準備、対策が完璧だった。試合前からアイルランドの弱点が見えていて、前半の20分までプラン通り試合が進められれば勝算があるとみんな思っていた。

接戦にはなったが、プラン通りに最初の20分相手を抑え込んだことで19対12での勝利。個人的にはもうちょっと行けたら良かったと思う出来だったが、スタメンで最低限のプレーはできた。

アイルランドに勝ったことで、ジャパンの中でも「これはすごいことになってるぞ」というくらい周囲の反応が変わっていた。開幕前は「本当に日本でやるんかな?」という雰囲気だったのが、移動でジャパンのジャージを着て歩いている人を見る機会が増えたし、テレビでも試合がない日でもジャパンの特集をやっている。ニュースでも必ずラグビーワールドカップとジャパンの活躍について触れられて、これまでにない注目度になっているのがわかった。

サモア戦はあまり覚えていないが、キックを使うプランだったから、蹴ったイメージは残っている。ワールドカップのような短期決戦では、たとえミスをしてもそのミスを反省するよりも、次のプレーに集中する必要がある。分析や反省はチームとしてやっているから、俺の場合、「次にどんなプレーをするか」にフォーカスするほうがいい結果につながる。

サモア戦もそうだが、期間中は自分のプレーをビデオで見ることはなかった。次の日に前日の試合を見返す選手もいたが、相手も変わるしやり方も違うので、俺はワールドカップに関しては「それは見ないで次！」というスタンスでやっていた。

役割も1試合1試合変わるので、なぜリザーブスタートだったのかとか、外れたのはなぜかとかのフィードバックをもらうこともなかった。第4戦のスコットランド戦は再びリザーブスタートに戻ったが、いつものように外れた理由を聞きに行って次に活かすということはなかった。なぜリザーブだったのかはわからないが、リザーブに回ったショックはまったくなかった。もう気持ちがワールドカップモードになっているから、チームとしての勝ちが大事。「リザーブか！　よし、しっかりリザーブで役割を果たすぞ！」と思えた。

瞬間最高視聴率のキック

スコットランド戦は、28対14でリードしていた後半11分に途中交代で投入され、〝最高視聴率〟でも話題になったノーサイドのキックを蹴る（この瞬間、テレビの瞬間最高視聴率は53・7％に達した）ことになる。あのキックも、自分が試合を終わらせようと狙ってやったプレーではない。（田村）優がラック際で指示を出していて、フミさん（田中史朗）が出そうとしていたタイミングで優も下がっていたのが見えた。「俺がおるから大丈夫」と声を出すと、優が俺に出すように指示してボールが回ってきたのだ。あのラストプレーの映像が今後長く残るからラッキーだったけど、たまたまそうなっただけで「やってやろう」とかはなかった。とにかく必死で自分のやるべきことをやる。あの場面でやるべきことをきっちりやった結果があのプレーだった。あそこで落としてノックオンになったらどうしようという緊張はあったし、キックも隙がないようにスタンドに入る勢いで思いきり蹴った。蹴るだけに見えたかもしれないけど、「おいしい」ばかりのプレーでもなかった。

史上初のベスト8は、やっぱり外の盛り上がりがさらにすごくなったというのが印象に残っている。SNSのフォロワーが一気に増えて、連絡もバンバン来る。このニュースで

史上初の決勝トーナメント進出を決めたラグビーワールドカップ 2019 スコットランド戦。
ノーサイドにつながる最後のプレー。【写真● REX/ アフロ】

やっているワールドカップに出ているのは俺たちだよね？　という感じだった。

南アフリカの高くて硬い〝壁〟

準々決勝の南アフリカ戦では「フィジカル」がこれまでの対戦相手と違うということはわかっていた。チームの方針としても、局面で勝つことは難しいが、重要なのはミスが起きた後にすぐに自分の仕事に戻ること。練習から「ネクストジョブ」という声がけが頻繁にあった。

アイルランドやスコットランドには通用したプレーでも、南アフリカには通用しないと思ってプレーしろとも言われた。実際にプレーしてみて、その意味がよくわかった。

優からボールをもらって、抜けたと思ったらあおむけにされていた。いつもなら、抜けなくても前に出ることはできる。でもディフェンスが壁のようにびくともしなくて、止められたと思った瞬間に思い切りあおむけにされていた。「強っ」と思ったし、フィジカルのレベルが他の強豪国と比べても一段上の化け物クラスだと思った。南アフリカ戦は15番で出場し、後半20分にはレメキ（・ロマノ ラヴァ）と代わっていたからノーサイドのホイッスルはフィールドの外で聞いた。試合が終わった後、込み上げてきたのは、「もっとこのメンバーで試合をしたい」という思いだった。

全員をファミリーにした「ONE TEAM」

２０１９年のジェイミー・ジャパンのスローガン、「ONE TEAM」がラグビーワールドカップを象徴する流行語になったが、スローガンに掲げるだけなら誰でもできる。流行語になったことで、多くのチームや企業が「ONE TEAM」を目指したが、そう簡単には一つになれなかったという話もよく聞く。

あのときのジャパンは、１カ月とか2カ月じゃなくて、年単位で合宿生活を送っていた。日本ラグビーの歴史を変える史上初のベスト8を目標にして、ある時点まではライバルとして切磋琢磨し、チームになれば協力し合う仲間として競い合い、高め合っていた。

呼ばれなかったりメンバー入りできなかったりしたから、本当の意味で日本代表のファミリーに加わったのは遅いほうだったと思うが、登録メンバーが決まってからは、誰が試合に出ようが、一緒に戦っているという感覚になれた。２０１５年は、大金星に興奮はしたが、メンバーから漏れた自分には関係ないと、どこか醒めた目で見ているところもあった。だが、２０１９年のジャパンは、最終的にメンバー漏れした選手はもちろん、日本のすべての選手の代表として一緒に戦っている感覚があった。

大会直前に代表落選となった早稲田の後輩、ヌノ（布巻峻介・パナソニックワイルドナイツ）は、俺が卒業した年に入学しているから、大学時代に直接の接点はないが、代表合宿ではいつも同部屋で、早稲田代表としてがんばろうと話していた。最終登録メンバーから漏れたときは悲しかったが、ヌノのためにもという思いも強かった。

ヌノはこれまで自分の周りにはあまりいなかったタイプの後輩だ。後輩との付き合い方で言うと、俺は自分から誘うのが苦手。神戸でも、昼メシに誰かを誘おうかなと思うことはあっても、もし誘ったことで気を遣わせていたり、本当は行きたくないけど先輩に言われたからとイヤイヤ来てるんじゃないかと心配になってしまう。断られたらもっと傷つく。そんなこと気にするくらいなら誘わんとこ！　となる。

ヌノは「メシ行きましょう！」とガツガツくる。だから「別にええよ」というスタンスで気軽にメシを食いに行ける。そうこうしていると「後輩誘いますね」とか言って、8人くらいを誘って勝手に「ヤマナカイ」とか言って、俺の会をつくってしまった。自分では絶対そんな会をつくったりしないから、面白いことするなぁとなる。一緒にいても気を遣わなくていいし、楽でいい。かわいい後輩といったところだ。

アイルランドに勝った試合、ヌノはテレビ解説の仕事で現地に来ていた。試合終了後にフィールドに降りてきて、メンバーとの記念撮影に加わった。最後の最後でメンバー落ちしたわけだから悔しさはあったかもしれない。でもヌノは、メンバーが誰も泣いていないのに一人大泣きしながら笑っていた。メンバーになれなかった選手がこれだけ喜んでいるのは、実はすごいことだ。一緒にがんばってきた仲間だからこそ、分かち合える喜びがある。

2018年の神戸製鋼でも試合に出ない選手のモチベーションや、一体感がチームを変えたが、ジャパンでも苦しい時期を一緒に過ごし、切磋琢磨し合った仲間だからこそわかり合えるものがあった。

「一生に一度」だった自国開催のワールドカップ

南アフリカに負けたのは悔しかったし、もっと上に行きたかった気持ちはあった。でもベスト8という目標は達成できたし、結果に対して悔いが残るという感じではなかった。それよりも、このチームが終わってしまうのがイヤだった。もっとこのチームでラグビーがしたかった。家族と離ればなれになるようなさみしさがあった。

今振り返っても、自国開催の2019年のワールドカップは俺にとっても「4年に一度じゃなく、一生に一度」だった。

2019年は、ラグビーがかつてないほど注目を浴びた年になった。メディアにも出演させてもらう機会が増え、会う人会う人に「感動をありがとう!」と言われた。

ワールドカップでの活躍に「おめでとう」と言う人は少なくて、「ありがとう」と言う人が多い。その人に何かをしたわけじゃないのに、感謝されているのは不思議だった。

おめでとうと言われたら、めでたいのは自分だけだと。ありがとうは、言った人も言われた人もうれしい。ラグビーを通じて、いろいろな人に感動や勇気を与えることができて、それに感謝されているのだとしたら、ラグビーをやってきて良かったと心から思う。

OFF THE FIELDプロジェクト

ラグビーブームは結局、〝ブーム〟でしかない。2015年のときもそうだったが、盛り上がるのも早いけど忘れられるのも早い。2019年のワールドカップがみんなに与えた強烈なインパクトを一過性のものにしないために、何か新しいことをしなければいけないと思った。

吾郎と始めたのが、ラグビーの普及と子どもたちへの支援を目的にした『ＯＦＦ ＴＨＥ ＦＩＥＬＤ（オフ・ザ・フィールド）』プロジェクトだった。『ＯＦＦ ＴＨＥ ＦＩＥＬＤ』は、グラウンド外での行動や活動を意味する。ラグビーでも「試合や練習をあらわすオン・ザ・フィールドだけでなく、オフ・ザ・フィールドの過ごし方が大切」という言い方をするが、ラグビー選手である山中亮平が中心になって、グラウンド外の活動を通じて世界にラグビー精神を届けたいというコンセプトで、立ち上がった。

子どもたちに焦点を当てるのにも理由があった。ワールドカップの影響でラグビーをやりたい子どもたちが増えた。ただサッカーや野球、バスケなどに比べて、ラグビーは体験できる場も少ないし、教えてくれる人も少ない。危険というイメージもあるのか、子どもが始めるのをためらう親もいた。せっかくラグビーを知ってくれて、「やりたい！」と言ってくれている子どもたちのために、何か行動を起こさなければと思った。

吾郎のアイデアで、『ＯＦＦ ＴＨＥ ＦＩＥＬＤ』ブランドのアパレル、最初にＴシャツやトレーナーをつくって、その売り上げでラグビーボールをつくり、全国の子どもたちに届けることにした。ラグビーが身近にない問題は、そもそもラグビーボールが身近にないところから来ているんじゃないかという話になった。

保育園や幼稚園、子どもたちの手の届くところにラグビーボールがあれば、自然と触ってくれる子どもたちが増えて、ラグビーが身近になっていくというわけだ。

Tシャツなどのアパレルは結構売れた。特製のトレーナーが1枚売れるたびにボールを1個寄付する仕組みにしていたが、アパレルの売り上げは全部このプロジェクトに使った。

最初は1000個。ラグビーボールを必要としている保育園、幼稚園に応募してもらう形で始めたが、この反響には驚いた。すぐに200以上の応募があって、応募メールにはそれぞれにワールドカップでラグビーを知ったとか、感動した、子どもたちが興味を持った、こんなふうに使いたいという熱い思いが書かれていた。

もらったメールにはすべて目を通したが、中でも印象に残っているのが、京都に住む、難病の女の子のご両親からのメッセージだった。

「うちの夫婦は、『もうどうにもならない』という絶望をいつも胸に抱えています。山中選手も何度も、もうどうにもならないという絶望的な状況でも希望を持ち続けて、努力し続けたと聞きました。ラグビーワールドカップでの大活躍を見て、家族みんなが勇気をもらいました」

　実際はもっと長文だった。俺も子どもがいるし、もし自分の子どもが……と思ったら、この子のために何かをしたいと強く思った。俺にできることはないかもしれないけど、京都に直接ボールと家族分のお揃いのスウェットシャツを届けに行った。ラグビーしかやってこなかった俺でも、こんなふうに人の心に届く行動ができるんだって、改めて実感した出来事だった。

　2019年は約150カ所に目標のボール1000個を届けることができた。翌年も1000個、最初は幼稚園くらいの年齢の子どもが使う2・5号球を配っていたが、対象を小学生にまで広げて、3号球にした。

　告知や応募への対応は俺のSNSアカウントでやった。事務局があるわけじゃないから、問い合わせには普通に俺がDMで返したりもしていた。いちいち吾郎に相談していたら遅くなるから、自分でわかることは即レスするようにしていた。「今、確認しております。もう少々お待ち下さい」とか、まさか山中本人が返しているとは誰も思わなかっただろう。

　こういうところでは、「総務部の山中時代」のビジネススキルが役立った。

新しい目標とモチベーション

ワールドカップが終わって数日は、「結構やり切ったな」と思う日もあったが、これで燃え尽きたから代表引退みたいな気持ちにはならなかった。2019年のジャパンが最高すぎて、リーダーとしてプレッシャーを背負った選手、4年後の自分の年齢とパフォーマンスを考えて、「これで一区切り」にした選手たちの気持ちもよくわかった。

でも俺は、『OFF THE FIELD』の活動を通じて「子どもたちの目標になるようなラグビー選手になりたい。そういう存在であり続けたい」という新しいモチベーションができていたから、35歳で迎える2023年のワールドカップを目指すことは早い段階で決められた。

次のワールドカップを目指して、まずは神戸で！　と意気込んでいたが、2019－2020シーズンのトップリーグは、新型コロナウイルスのパンデミックに翻弄《ほんろう》された。ワールドカップの影響で2020年の1月に開幕したが、6試合をやっただけで中止になった。

神戸は、前シーズンの勢いそのままに6戦全勝。いい感じでやれていたから中止は残念だった。どのシーズンも自分で書いたメモとかスマホのカメラロールを見ないと思い出せないが、コロナ禍のときのことは本当に覚えていない。印象にあるのは、太ったこと。試合もなく、感染リスクが高いと言われていたジムも使えなかったから、ワールドカップのときから比べて4kgくらい増えた。「さすがに運動しないと」と、ビーチや家でトレーニングをしていた記憶がある。

変化したフルバックの役割とモヤモヤ

２０２１年のシーズンは、２月に開幕した〝最後〟のトップリーグで始まった。リーグ戦は、６勝１分けでパナソニック（ワイルドナイツ）に次いでホワイトカンファレンスの２位。トーナメントでは、準々決勝でクボタ（スピアーズ）に21対23で負けて、中止を挟んでの２連覇の夢は消えた。

トップリーグが終わるとすぐにコロナ禍で止まっていた日本代表の活動が再開した。ワールドカップ南アフリカ戦以降、初めて行われた試合は、２０２１年６月のサンウルブズ戦だった。日本代表にとって、約６００日ぶりの実戦。この試合で初めて「ソード賞」をもらった。「ソード賞」とは、ワールドカップ２０１９から始まった、チーム内ＭＶＰ

のことで、選ばれるとニュースでも話題になった日本刀のレプリカがもらえる。

久しぶりの海外遠征になったヨーロッパ遠征では、6月26日にスコットランドでイングランド、スコットランド、ウェールズ、アイルランドの選抜チーム、(ブリティッシュ&アイリッシュ・)ライオンズ戦と対戦。この試合では15番で出場したが、続くアイルランド戦はメンバー外。この試合のフルバックは松島だった。

2021年の遠征は前半と後半の2回に分けられていて、前半の遠征はここで終わり、10月にまた宮崎合宿で集合という流れだった。この期間を利用して、新たなトレーニングに取り組むことにした。東京にスピードトレーニングを専門にしているトレーナーがいると聞いた。要するに速く走ったり、動いたりするためのトレーニングなのだが、このトレーニングを始めたのは、続投が決まったジェイミーがフルバックに求める役割が少しずつ変化しているのを感じたからだった。

アイルランド戦で松島が使われたり、この試合ではウイングでの起用だったが、フィジー出身のセミシ(・マシレワ)が初キャップ、練習ではフルバックに入ることもあった。2人に関しては「10と15のコネクト」というコンセプトもそこまで求められていない気がした。

松島の武器は言うまでもなくその圧倒的なスピードだし、セミシもスピードとステップワークが魅力の選手だ。そこで勝負するつもりはなかったし、フルバックとしては2人に負ける気はしなかったけど、チームが求めるものが変わるなら準備しておきたい気持ちはあった。30歳を超えて劇的に足が速くなることはないかもしれないが、できることはしておきたかった。

スピードトレーニングの成果は思ったよりもすぐに出た。10月の宮崎合宿では自分のスピードが明らかに上がった実感があった。紅白戦でも15番でフル出場。80分出ずっぱりだったのは、俺とウイングのレメキだけ。かなり手応えを感じていた。ところが、合宿後に大分で行われたオーストラリア戦では、リザーブにも入ることなくメンバー外。フルバックには、足を痛めて紅白戦に出ていなかったセミシが入っていた。

さすがにこれには納得がいかない。トニー・ブラウンに理由を聞きに行ったら、「いや、ちょっとセミシを試したかった」みたいなはっきりしない返事だった。どうにも腑《ふ》に落ちなかったが、この後に今年2度目のヨーロッパ遠征を控えていたので、「ああ、そうなんですか……」と引き下がった。今思えばモヤモヤする「イヤな感じ」はこのときから始まっていた。

11月のヨーロッパ遠征は、今年2回目のアイルランド戦から始まった。前回は出番がなかったが、この日はリザーブから出場。試合はいいところなく、5対60でボコボコにやられた。次のポルトガル戦は、フルバックで先発出場した。後半43分にはインターセプトからのトライも奪い、チームも38対25で勝った。遠征の締めくくりになるスコットランド戦でも15番で頭から試合に出た。試合は20対29で負けてしまったが、スピードトレーニングの成果も実感できたし、しっかりと試合に出られた充実感はあった。

リーグワン初年度の不調とひざのケガ

「ジャパンラグビートップリーグ」から「ジャパンラグビー リーグワン」に変わった2022年、チーム名が『コベルコ神戸スティーラーズ』になった。初代チャンピオンを目指した初年度だったが、俺の調子はいまいちだった。

今までさんざん故障が少ないことを自慢してきたが、ここにきてまさかの「ひざが痛い」。実は日本代表の秋合宿くらいから違和感があった。ディビジョン1の開幕戦はひざにテーピングを巻いての出場で、思うようなプレーができなかった。それで動けなかったとか、運動量が落ちたとかはなかったが、リーグ戦を通じてひざをかばいながらプレーしていた。

終盤になるとテーピングも外せるようになって調子が戻ってきた。必要なときは巻かなければいけないが、テーピングは動きを制限されるからできるならつけたくない。感覚的なものだが、体にテープを巻いたり、貼ったりするのは昔から苦手だ。

後半は調子を上げられたが、ちょうどコンディションが上向きになったところでシーズンが終わってしまった。チームも7勝9敗と負け越し、この年のシーズンは7位に終わった。

「こんな成績でジャパンに呼んでもらえるんかな？」

不安はあったが、6月の宮崎合宿には無事に呼ばれた。この年のジャパンには、ゲラード・ファンデンヒーファー（クボタスピアーズ船橋・東京ベイ）が入ったり、新しいメンバーも加わっていて、ワールドカップに向けての焦りみたいなものはあった。

東京と福岡でやったウルグアイとの2試合はともにメンバー外。7月に豊田スタジアムと国立競技場で行われたフランスとの2連戦には先発のフルバックで出場した。

1戦目もワールドカップに向けて準備を進めるフランス相手にいいプレーができた。国立での2戦目は、ジャパンの試合の中で、現時点で自分史上ベストパフォーマンスの試合だった。ひざの痛みもなく、前半12分にトライを奪うと、40分には逆転トライ。試合は15対20で惜しくも負けてしまったが、勝負に絡む2トライを挙げたほか、そのほかのプレーもミスなくこなし、この日の「ソード賞」も獲得できた。

「これはワールドカップに向けて、いいアピールになったやろ」

夏シーズンは、手応えしかなかった。

10月からの秋シーズンでも、オーストラリアAとの3試合すべてで先発フル出場。10月末のニュージーランド戦でもフルバックでフル出場している。

続けて行われた11月のヨーロッパ遠征も、イングランドとフランスを相手に15番で試合に出続けた。ただ、ヨーロッパ遠征の2試合は自分のプレーの内容は悪かった。特にフランス戦は、ライン際のボールを取ろうとしたときに、腰が引けてしまって取れなかったプレーがあった。

フルバックとしては最悪なプレー。「やってもうたなぁ」と思っていたら、終盤も終盤、後半の35分に交代させられた。順風満帆だった2022年の日本代表シーズンは、あまり良くないイメージで終わることになってしまった。

トニー・ブラウンからの信頼

フランス戦の夜、ディナーの時間に、みんなでお酒を飲む機会があった。こういうときはけっこうジェイミーとも気軽に話ができる雰囲気があって、「ごめん、今日の試合はミスをしてもうた」と話しかけた。ジェイミーもグラス片手に、「全部がパーフェクトというわけにはいかない。ミスすることもある。でも、今までやってきたことは見ているから気にするな」と言われて、安心した覚えがある。

ちょっと酔っているトニー・ブラウンとも話した。トニーは、俺のことを「ナックス」と呼んでいるんやけど、「ナックスは本当に世界一のフルバックだ」と言ってくれた。「ほんまか？」みたいに聞き返したら「ディフェンスはあれだけれど、アタックは間違いなくすごいし、パス、スキル、ポテンシャル、トータルで見たら、お前がナンバーワンだ」と大絶賛してくれた。

そんなことを言われたら、うれしいし、自信もつく。前にも話したが、トニーのフィードバックは、いつもポジティブなことが書いてある。この遠征の後のフィードバックも「シーズンすべてフルバックで出場して、アタックもパスもすべてが良かった。これからチームに戻っても、そこはしっかり継続してほしい」とあった。

トニーには信頼されていると、俺の中で思っていた。

一方で、ジェイミーのフィードバックはいつもと同じように厳しくて特に「フランス戦はあまり良くなかった」と、フランス戦に触れていた。もしかしたら、フランス戦での消極的なプレーがジェイミーの印象に強く残ってしまったのかもしれない。

2度目のワールドカップへの道

2023年は、神戸の調子が最悪だった。コロナ禍の影響を受けて年明けの開幕が続いていたそれまでのシーズンとは違い、ようやく12月に開幕、カレンダーが戻りつつあったが、神戸はまったく勝てない。プレシーズンからなかなか結果が出ず、リーグワンでも前半の7節を終えて3勝4敗と負けが先行していた。後半戦もケガ人が多く、わずかに2勝。順位確定後の試合とはいえ、最終節のキヤノンイーグルス戦では26対52の大敗を喫した。

俺個人のプレーの出来は悪くなかった。リーグワンのシーズン中も、ジャパンのメンタルトレーナーやコーチ陣と定期的にオンラインミーティングをすることになっていた。

バックス陣はコーチのトニー・ブラウンとミーティングすることが多かったが、俺だけはほぼ毎回ジェイミーと1対1で話していた。

「トニーのほうがいいなぁ」

シーズン中でモチベーションを保ちたかったこともあって、ほめてくれるトニーのフィードバックを聞きたかったが、ジェイミーもさすがにプレーはしっかり見ていた。神戸の試合での動きを具体的に挙げて「ここはこうしたほうがいい」「ああいうときはこうするといい」と、的確なアドバイスをくれた。

「これならジェイミーと話すのも悪くない」

そう思い始めていた。

シーズン中、神戸ではチーム事情からスタンドオフで出場する機会があった。フルバックでスタートして、後半はスタンドオフという試合の後、「素晴らしかった。今日のパフォーマンスは最高だった」と英語でLINEのメッセージが来た。チームの成績は悪かったが、ジャパンのヘッドコーチもしっかり見てくれている。ここまでは、2度目のワールドカップに向けて順調に進んでいたはずだった。

的中した胸騒ぎとまさかの落選

6月からは、いよいよワールドカップに向けての合宿が大分で始まった。ニュージーランド戦はメンバー外だったが、サモア戦はフルバックで先発フル出場。トンガ戦も先発したが、後半24分に松島と交代でベンチに下がった。

メディアや周囲は「山中は確定だろう」という雰囲気だった。当落線上にいた2019年とは違い、最終登録メンバー発表前にもジャパンの選手として、スポンサー関係の仕事や取材を受けることも多かった。自分としても、2022年の実績があるから大丈夫だろうと思っていた。

それが、7月末のトンガ戦でベンチに下がったあたりから、胸騒ぎがするようになった。

「これはもしかしたらメンバーに入らんちゃうかな？」

8月5日、登録メンバー発表前最後の試合は、リザーブにも入らず出番がなかった。

結果とその後の経緯は第一章ですでに話した通り。メディアでも「なぜ？」「まさかの」という見出しで報道されたが、ジェイミーの構想から外れた予感はなんとなくあった。

バーバリアンズ、ワールドカップへの追加招集、２０２３年は、コロナ禍で止まっていた時間が一気に動き出し、あっという間に過ぎ去った。

人一倍負けず嫌いで諦めの悪い男

神戸に戻って迎えた３シーズン目のリーグワンも思うような結果は出せず、リーグ５位でプレーオフ進出を逃すことになった。

２年のブランクからの再スタートは、２０１３年９月７日のトップリーグ1stステージ第２節の九州電力キューデンヴォルテクス戦だった。月日は流れ、２０２３年12月17日のリーグワン第２節、静岡ブルーレヴズ戦で、リーグ戦出場は通算１００試合を超えた。日本代表やサンウルブズ、海外クラブへの留学なども合わせると一体何試合を戦ったのだろう。

気づいたら俺ももう36歳。資格停止処分中の社会人経験やラグビーがやりたくてもできないという特殊な環境、日本代表での悔しい思いと、充実した思い出がなければ、とっくにラグビーをやめていたと思う。

今は、ラグビー選手としてできるだけプレーし続けたいと思っている。そして、神戸でもう一回優勝したい。まだ引退は考えていないし、想像もつかないが、もし引退するなら誰かに「もう無理やからやめときな」と言われるのではなく、「もうやり切った」と思えるタイミングで、自分から去っていける選手でありたいと思っている。

毎シーズンが勝負になるが、体はまだまだ行けそうだし、何より負けず嫌いが衰えない。

今年6月、第2期エディー・ジャパンが初陣を迎えた。２０２７年にオーストラリアで行われるワールドカップを目指す日本代表のこの日のスタメン15人の平均年齢は26・２歳。前回ワールドカップでは29歳だったので、大幅に若返りを果たしたことになる。同い年のリーチがメンバー入りしているのは心強いが、事実として２大会連続でチームを率いたジェイミーが去り、ジャパンが新陳代謝を必要としているのは間違いない。

これから先、日本代表に選ばれるかどうかはわからんけど、ポジション争いをする選手は全員年下になるだろう。今の若い選手はうまいし速い。それを認めるのは大切なことだと思うが、負けを認めたらそこでもうラグビー選手としては終わりだと思う。

俺はラグビー選手である限りは、ずっとトップにおりたい。同じポジションの若い選手が騒がれていたらめちゃくちゃ悔しいし、活躍を見たらめちゃめちゃ嫉妬する。要するに誰かに負けるのが嫌なのだ。

今までどんなすごい選手、それがオールブラックスだろうと何だろうと、「絶対に勝てない」「勝っているところが一つもない」と思ったことはなかった。

若い選手には、スピードや運動量で勝てなくても、経験やスキル、頭で勝負はできる。まだまだラグビーをうまくなりたいと思っているし、そのための努力もしている。

これまで何度も「ま、いけるやろ」と前に進んでは、とんでもない落とし穴にハマり、いろいろな人の助けを借りて這い上がることの繰り返しだった。本当に人生は思い通りにはいかない。

すべて乗り越えて迎えたつもりのラグビー人生最終章も、きっとまだまだ予想もしていない困難が待ち受けているはずだ。くじけそうになったり、絶望したり、自分の力だけではどうにもならないと感じる日も来るだろう。

それでも、俺は諦めない。

おわりに

ラグビーを始めたとき、大学を卒業してラグビーを仕事にしようと思ったとき、30歳になったとき、35歳になったときでさえ、自分が36歳まで現役でプレーしているとは思っていなかった。

禁止薬物が検出されて資格停止処分になったときにやめていてもおかしくなかった。ケガで長期離脱することはなかったが、神戸でも日本代表でもサンウルブズでも本当にいろいろあった。２０２３年には、ワールドカップメンバー落ちからの電撃復帰、出場という鬼のジェットコースターも経験した。

この本に書いてあるように、俺自身、生まれ変わってもう一度同じキャリアを歩めと言われても再現できないほどいろいろなことがあり、自分でも「ようやめへんかったな」と思うほど、絶望的な状況が何度もあった。

「唯一無二のキャリア」といったらカッコいいかもしれないが、実際は「せんくてもいいい苦労を勝手に拾いに行っただけ」のような気もする。

驚いたのは、本を書くに当たって自分のキャリアを振り返ると、パッと出てくることがほとんどないほど覚えていなかったことだ。そもそも過去のことはすぐ忘れてしまう性格で、こういう機会でもなければ振り返ることもめったにない。スマホのカメラロールやメモを頼りに記憶を呼び起こしていくと、「あのときは、こういう考えやったんやな……」と過去をしっかりと振り返ることができた。

改めて気づいたのは、自分がどれだけ人に支えられているかだった。

ラグビーに誘ってくれた山口博功先生、日本代表という目標をくれた土井崇司監督。中・高の地元のツレやラグビー部の仲間。生意気な俺を気にかけてくれる五郎丸歩さん、つらいときに支えてくれる井村（達朗）や（吉谷）吾郎をはじめとする早稲田の先輩や同期、後輩たち。俺に「男のかっこよさ」を教えてくれたいつまでも憧れの平尾誠二さん。この本には名前が出てこない人たちにも、めっちゃお世話になって、考えられないほど助けてもらっている。

「この子は絶対に何かしらのスポーツ、何かしらのことですごい子になる」

おかんの予言をかなえられたかどうかはわからんが、おかんが信じてくれたからこそ今の俺がある。おとんが細かいことは何も言わず、俺の思うようにやらせてくれたから俺は俺のままでいられる。

いつもさみしい思いをさせている子どもたちにも感謝しかない。子どもたちの自慢でありたい、誇れるパパでありたいという気持ちが、今日もキツいトレーニングをサボれずこなせる大きな理由だ。

海外遠征や合宿で家におらん間、ワンオペで子どもたちの面倒を見て、そのうえ、俺の愚痴を聞いてくれる妻・瑠美佳は最大の理解者にして協力者だ。

骨折したときは、「これがええねんて。早く骨くっつくらしいで」と、栄養素を考えたメニューを特に詳細を説明するでもなくさらりと出してくれる。結婚当初は料理できんかったのに、いつの間にか体調を見て、そのとき俺に合ったメニューを出してくれている。

メンタルがキツいときは、相談というより愚痴を聞いてくれる。腹の立つことには一緒にムカついてくれる。普段から「ありがとう」は言っているが、この場を借りてマジで尊敬していることを妻には伝えておきたい。

自分のキャリアを振り返ってみて、俺ほど苦労したヤツはおらんやろうと思う。同時に、順風満帆に見える人も実はキツくて、人には見えないところで苦労しているとも思う。

この本がそういう人の助けになったら、めっちゃうれしい。参考にはなれへんくても、「こいつの人生ぶっ飛んでんな」くらいに楽しんでもらえたらと思う。

目の前にチャンスがあったら、それがどんなに小さなチャンスのかけらでも、絶対につかみにいく。「どうせ自分なんか」とか「無理そうだから」とか、ネガティブなこと考えていても仕方ない。

チャンスをつかめるかどうかは自分次第。だから絶対諦めない。

2024年12月　山中 亮平

インタビュアー……………吉谷 吾郎
構　成……………………大塚 一樹
装　丁……………………水戸部 功
本文デザイン・DTP………松浦 竜矢
カバー写真………………谷本 結利
本文写真…………………山中 亮平、井田 新輔、株式会社アフロ
校　正……………………東京出版サービスセンター
協　力……………………公益財団法人 日本ラグビーフットボール協会
一般社団法人 ジャパンラグビーリーグワン
コベルコ神戸スティーラーズ
編集協力…………………山本 浩之
編　集……………………吉村 洋人

［著者］山中 亮平
Ryohei Yamanaka

1988年6月22日生まれ、大阪府出身。中学1年の終わりからラグビーをはじめ、東海大学付属仰星高校（現・東海大学付属大阪仰星高校）では攻撃的なSO/スタンドオフで〝ファンタジスタ〟とも呼ばれ、3年時には全国高校ラグビー大会で優勝した。早稲田大学に進学後はすぐに頭角を現し、1年・2年次に全国制覇を経験。大学4年の春には日本代表初キャップを獲得した。大学卒業後に神戸製鋼コベルコスティーラーズ（現・コベルコ神戸スティーラーズ）に入団。2018-2019シーズンにはトップリーグで15年ぶり、日本選手権で18年ぶりの日本一を果たした。その翌年に開催されたラグビーワールドカップ2019日本大会では全5試合に出場し、日本・アジアラグビー史上初の8強進出に大きく貢献した。2021年以降も継続して日本代表に選出されるが、ラグビーワールドカップ2023フランス大会の直前ではまさかの落選。しかし、大会期間中に追加招集され、2大会連続のワールドカップ出場を果たした。日本代表は30キャップ。

それでも諦めない

2024（令和6）年12月18日　初版第1刷発行

著　者　山中 亮平
発行者　錦織 圭之介
発行所　株式会社 東洋館出版社
〒101-0054　東京都千代田区神田錦町2-9-1
コンフォール安田ビル 2F
（代　表）　TEL 03-6778-4343　FAX 03-5281-8091
（営業部）　TEL 03-6778-7278　FAX 03-5281-8092
URL　https://toyokanbooks.com/
振替　00180-7-96823

印刷・製本　株式会社シナノ

ISBN　978-4-491-05670-8 / Printed in Japan